続 豆腐百珍 百番勝負

花福こざる

イースト・プレス

おいしいお豆腐
いかがですか?

「豆腐《とうふ》百珍《ひゃくちん》 續篇《ぞくへん》」とは
前編の「豆腐百珍」が大変好評だったので
（調子にのって）翌年（天明三年一七八三年）に
出版された「豆腐百珍」の続編である
豆腐百珍續編
豆腐料理百品プラス
附録に三十八品のレシピと
豆腐を称える漢詩・小話・
雑話などなど
内容は盛りだくさんである

はじめまして花福こざると申します
花屋兼マンガ家です
ダンナと花福という花屋をやってます
花福の店長です
直角永遠の19才
担当の小林様です本人の希望でこの姿です
むーん
昨年私は「豆腐百珍」をマンガ化すべく奔走しておりました
豆腐料理を作ってはマンガを描く日々…
ネームネームネーム
早く早く早く
2014年3月に脱稿!
春彼岸
お寺20追加
ゲラ校正
母の日

5月になんとか
無事に
発売日を迎え
やっと
落ち着いたな～
コタツも
しまったし
薫風は
どこからくるの
スズメちゃんって．
ウフフフフ
チュン
チュン
ハリーポッターの
続きでも
読もうかしら
宅急便です
さっ
ぱ
イースト・プレス
小林様からだ
なんだろう？
がさ
ごそ
続豆腐百珍の
資料です♡
小林
豆腐百珍続編

※Webメディア・マトグロッソ［イースト・プレス］ http://matogrosso.co.jp

豆腐百珍　百番勝負　もくじ

続

尋常品

通品

佳品

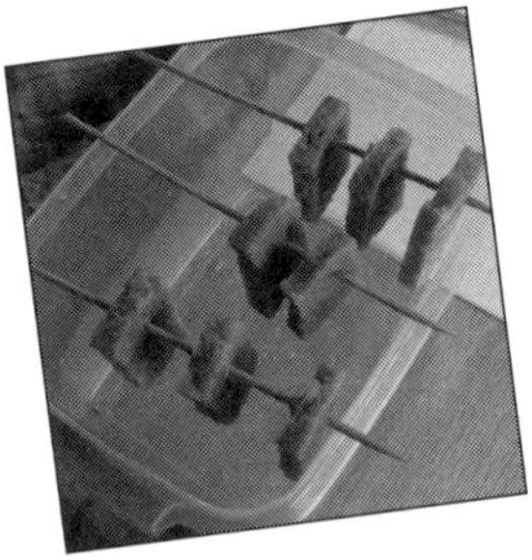

奇品

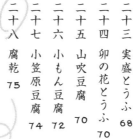

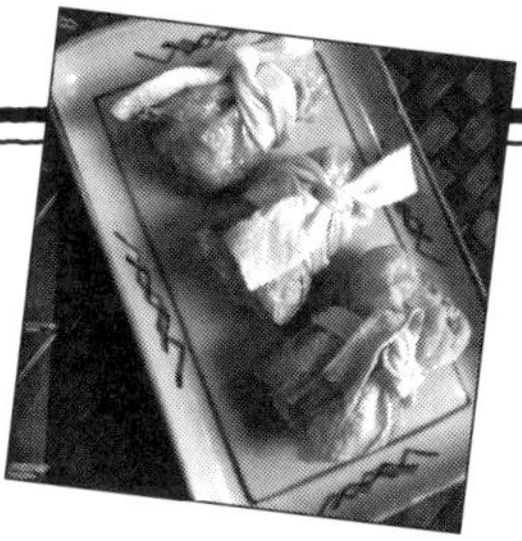

妙品

絶品

尋常品

尋常品
一
御雉《おきじ》とうふ
さあ 始まりました
続豆腐百珍!!
最初のお題は
御雉とうふ
1丁を
四ツ切り
塩ふって焼く
燗酒《かんざけ》を
しゃ
ぱ
かける
できた!

さあ一緒に味見しよう
おう
いただきます
あむ
はむ
むぐむぐ
むぐむぐ
しーーん

ちがう
塩をもっと強く
燗酒は少し
飲んでるのをふりかけるくらい
がはは
どうだ
どうだ
どうだ
あおり

さっきより
おいしい
今日から百珍の日々だからよろしく
え!? また百品作るの
大変だね〜
あんたもやるんじゃ
この御雉とうふは正月に宮中にて皆にふるまわれたそうな

慈悲深い味度 ☆☆☆

二
渦《うず》まき豆腐《とうふ》
水禅寺海菜を
ちぢれひろげ
豆腐よく
まき
水前寺《すいぜんじ》のり
買って
来たぞ
「水前寺のり」※
九州産の川のり
生と乾燥タイプあり
美味
水前寺
えー
生のが
よかった
な～
ワガママ
言うな
売り切れ
だったんじゃ
ぺらん
紙くらいの厚さ
これでのり巻き
できるのかなあ
水で
戻します
ちゃぷ
水切りした木綿豆腐と
卵白を混ぜます
さっくりと
ベローーン
厚さ2ミリくらいに
なったよ
前
後
ではのり巻きの
要領で
巻簀《まきす》の上に
のりを敷き
豆腐を
乗せます

※水前寺のり――『豆腐百珍百番勝負』64ページの松重ね豆腐にも登場してます。

巻きます
俺にまかせろ的な
そうか!!
のりはタテに!!

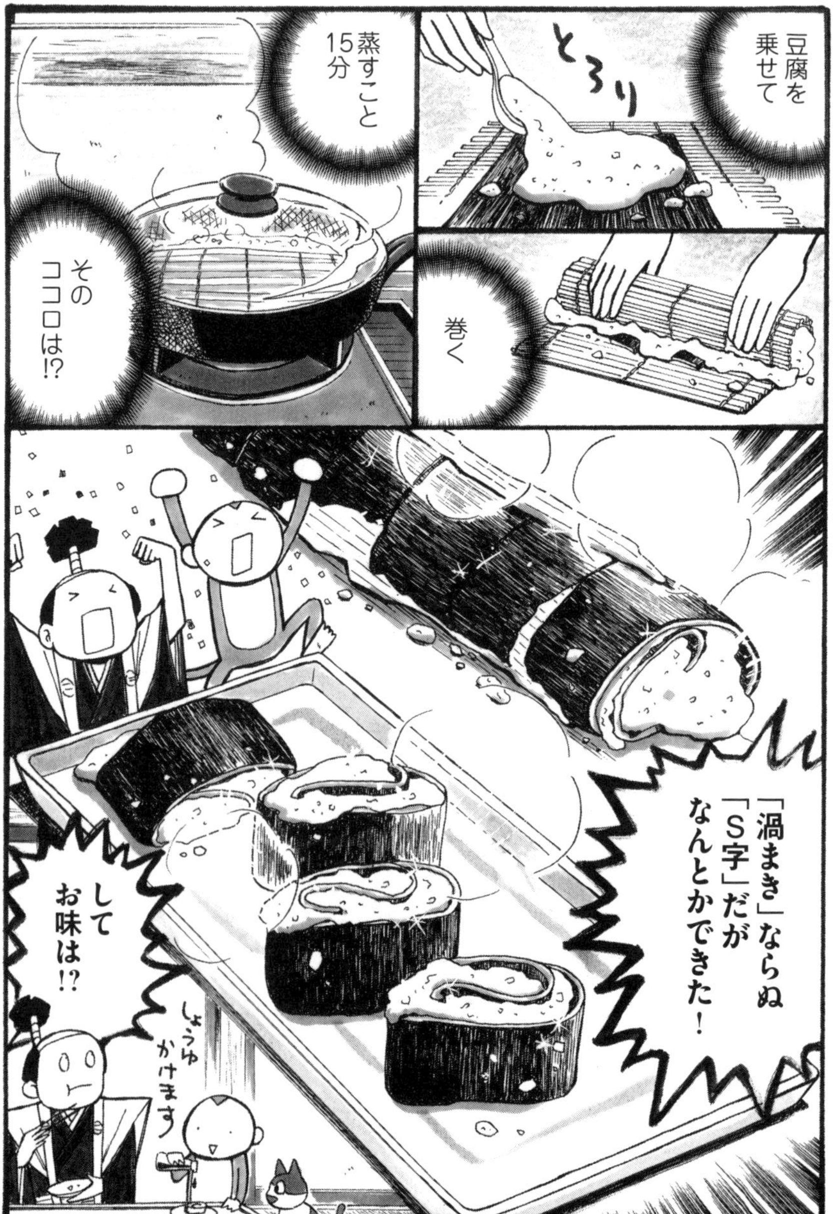
豆腐を
乗せて
とろり
蒸すこと
15分
そのココロは!?
巻く
「渦まき」ならぬ
「S字」だが
なんとかできた!
して
お味は!?
しょうゆ
かけます

ん!?
おもしろい
水前寺のりいいですね
コリっと歯ごたえがありますね
いける
悪くない 蒸し加減も良し!!
水前寺のりって生でも乾燥でもおいしいですね～
ブーム来たりして
甲類のウーロン割りに合いそうだな
水で戻した水前寺のりを細かく切って白あえにしたら美味でした♡

ぐるぐるどか～ん度 ☆☆☆☆

三
海苔《のり》まきとうふ
右よ見へ〜〜〜
二、渦まき豆腐の別バージョン
豆腐に水前寺のりを巻き付けてかんぴょうでくくる
とうふ
水前寺のり
巻く
かんぴょうでくくる
ダシしょうゆでさっと煮る
のりまき
ほか
ほか
あ、ちゃんとおいしい
濃いめの味付けでもいいかも
やはり水前寺のりうまし

見た目可愛い度 ☆☆☆☆

四
鍋《なべ》やき豆腐《とうふ》
長いも まろ
木耳 くまる
豆乳とにがり
(おぼろ豆腐用)
焼栗
(甘栗使用)
銀杏
長芋
材料はこちら
くわい
きくらげ
揚げ麩
(仙台麩使用)
松露
(なし、ゴメン)
青昆布
(生の昆布)
なめたけ
売ってるえのきはなめたけ菌をもやしの様に栽培したものじゃ
なめたけとは実はえのきのことである
自然のえのきは茶色でカサがある
まずおぼろ豆腐を作ります
① 豆乳とにがりを混ぜ70度ぐらいに加熱
② 15分ほど放置して完成
ざるに上げたらざる豆腐
型に入れて水切りしたのが木綿豆腐
そして上の材料を適当に切って出汁《だし》醤油で煮ます
ぱぱぱのぱ
最後におぼろ豆腐を入れて完成です
わさび添えてね

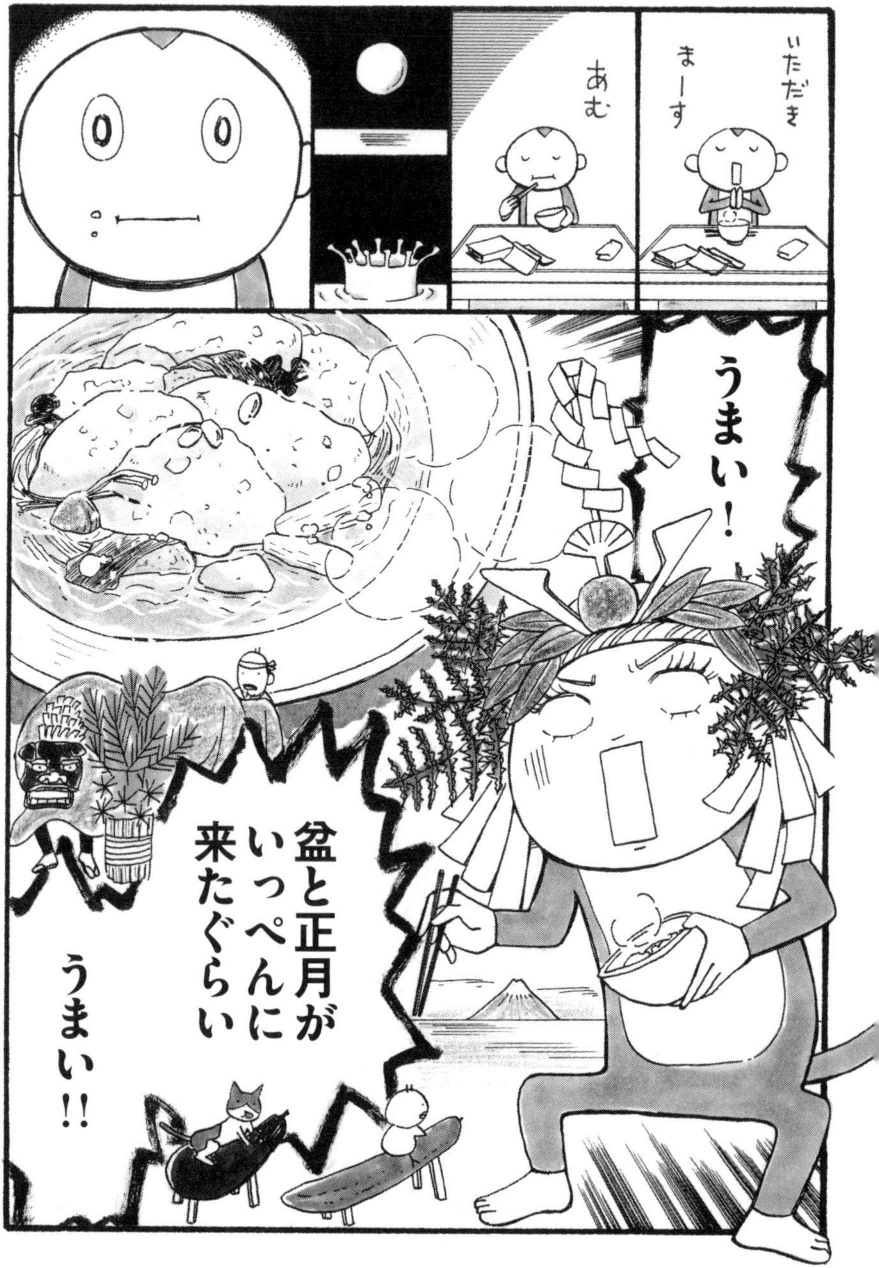
いただきまーす
あむ
うまい！
盆と正月がいっぺんに来たぐらい
うまい!!

豆腐のつるり感に長芋のさっくり感銀杏と栗のほっくりにきくらげのこりっと感
具の食感が絶妙!!
昆布の風味と汁を吸った揚げ麩もいい
『豆腐百珍』六十四番「糟入り豆腐」もきくらげと栗入ってたよ
今まで(104品中)で一番ウマいかも
著者の何《か》必《ひつ》醇《じゅん》さんに「絶妙賞」を贈ります
あらありがと
えのきもどーぞ
残ったえのきはいらないわよ
本当はブレーンが考えたんでしょ
けけけ
失礼ねアタシが考えたのよ
揚げ麩っていいですね使い道イロイロ♡
ゴーヤチャンプル
みそ汁

口の中が宝石箱や〜度 ☆☆☆☆☆

五
目川田楽《めかわでんがく》
水口
石部
草津
大津
京師
近江
山城
伊賀
東海道目川立場※名物「目川田楽」に挑戦です
目川田楽
目川名物
葛湯で豆腐を温めておく
さっとあぶって味噌をつけ
座上炉《ざしき》に乗せて出してくれるそうな

※菜飯と田楽のセット。

ジャーン
何これ
チーズフォンデュのやつ？
秘密兵器です
フッフッ
木綿豆腐を葛湯で温めて
固形燃料に火をつけて卓上でさっとあぶる
ゴォォォォォ
味噌塗ってできあがり
現代版卓上炉です
絵ヅラはいいけど火強くねえか
パチパチ
あ
くっつく

さて
ちょっと生っぽいですね
もう少し焼いたほうがいいな
そうね
昔の豆腐はもっと堅かったみたいだから
今の豆腐と仕上がりが違うんだろうな
葛湯で温めてから
グリルで焼けば良し
目川
いせや

香ばしいっちゃ香ばしい度 ☆☆☆

六
今宮《いまみや》の砂田楽《すなでんがく》
爐の邉よ沙を多
田樂よりて
今宮のやすらい祭
何やってんの？
炭
今宮の砂田楽よ～ん
↑聚楽よ～んで
今宮の砂田楽は
火鉢の周りに砂を積み
そこへ田楽を刺し
遠火《とおび》で焼くのだが
こざる版砂田楽
醤油を塗って焼く
火鉢の代わりに七輪で
海
砂浜の砂を利用

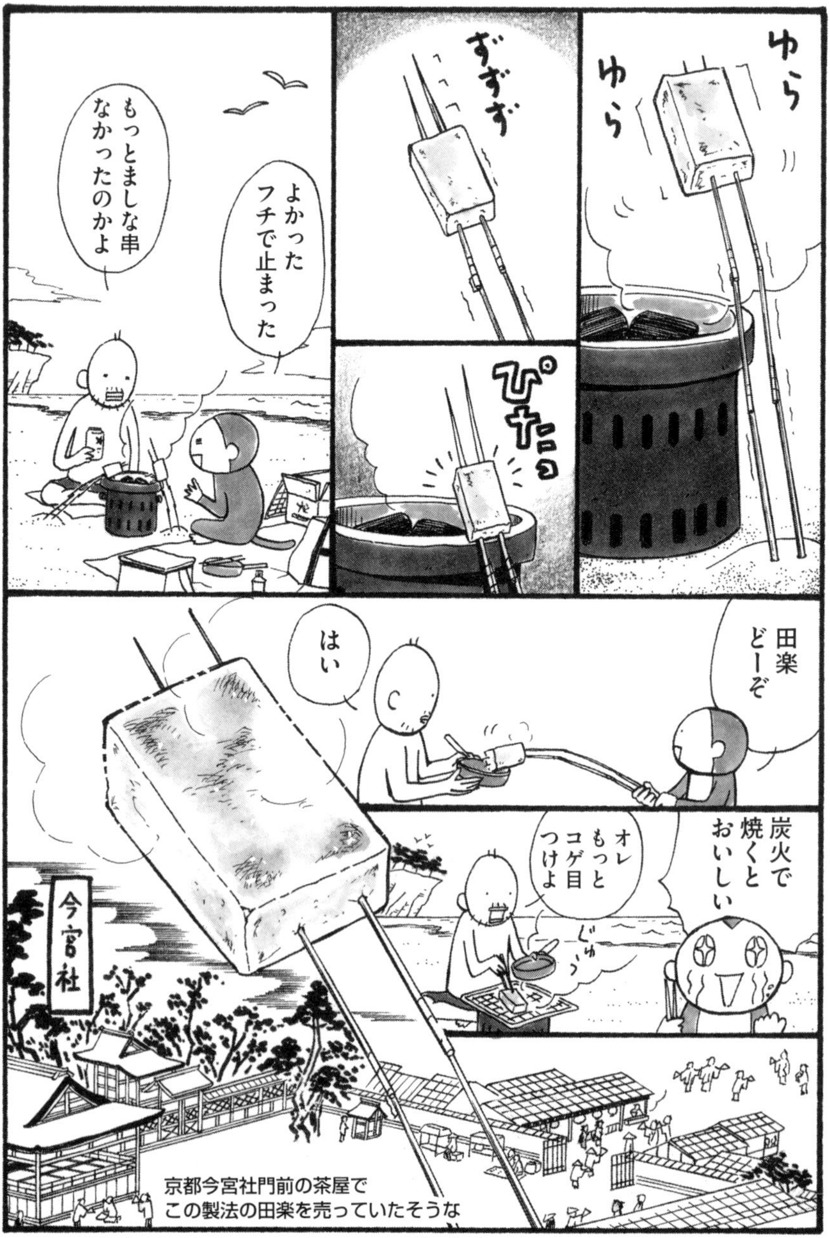

色々と準備が面倒くさいよーん度 ☆☆☆

七
一種《いっしゅ》のカステイラ
豆腐をよく水切りして
甘酒と混ぜて蒸す
危険ワードが2つ……「甘酒」と「蒸す」
『豆腐百珍』九十一番 加須底羅《かすていら》豆腐と似てるけど別物です
楽しいカステラのイメージ
甘酒買ってきたぞ
ああどうも
豆腐と甘酒をすり混ぜます
甘酒どれくらい?
適当で
「調味好み次第」って甘酒と豆腐に何が合うのか?
協議の末砂糖を入れました
不安
ちょびっと
器に入れて蒸すこと15分
そろそろいいかも
そうですね

見て来るぞ
もう
あげちゃって
いいですよ
カメラ
カメラ
ぎゃあぁっ
どーしました
小林様!?
びっ
しゃぁ
め
面目ない
小林様
わざと
でしょ
食べたく
なくて
わざと
でしょ
違う!
手が
すべった

まあ　でも
ちょびっと残ってるから味見しましょう
こっこめかみが痛え！
砂糖が全く合わない
屍
屍
甘酒入れすぎ
小林様
むくり
やっぱりわざとでしょ
違う！　不可抗力じゃ!!

不味いとか、もうそんな表現じゃ足りない度 ☆☆☆☆

八
湊《みなと》豆腐《とうふ》
八十四 織部
焼き豆腐を鰹節と醤油で煮ます
薄めのうどんつゆくらいの味付け
夜まで弱火で煮ます
その間に原稿描いたりネームやったり
洗濯したりシソ植えたり
煮汁が減ったら水を足す
ざばー
ここで湊豆腐について少々……
原本現代訳 料理山海郷 博望子 原田信男訳
『料理山海郷』
博望子《はくぼうし》原著
原田信男 訳
（教育社）
料理《りょうり》山海郷《さんかいきょう》（一七五〇）料理珍味集（一七六四）この2冊は『豆腐百珍』の約20年前に出版された料理書
料理の名前に地名や雅名《がめい》をつけ遊びの要素を取り入れた先駆けの書である
そして！

「料理山海郷」と「料理珍味集」に載ってるメニューが
豆腐百珍にはたくさんあるのだ!!
光悦煮
雲かけ豆腐
苞豆腐
ふわふわ
凍豆腐
揚げ田楽
茶巾豆腐
霰豆腐
安部豆腐
湊豆腐
湊豆腐もその1つだ!!
アンタパクっただろ
違うわよ!!
当時の定番品だっただけよ
そうかなあ
お鍋見てくるわっ
てな感じで夜も更けぬ
ただいま

豆腐できた？
うんまあ
じゃあ仕上げてくるよ
まだ煮てた
道明寺粉をフライパンで軽く炒《い》って豆腐に乗せます
道明寺粉
道明寺粉
河内国の尼寺
道明寺発祥
もち米を乾燥し
ひいたもの
さあさあできましたよ

かー
いただきます
もぐもぐ
豆腐って長時間煮ると堅くなるなー
炒った道明寺粉が香ばしくてちょっと面白いね
昔の豆腐はもっと堅いだろうから仕上がりはちょっと違うんだろうなー
湊って大阪のかな？
神戸
大阪
堺
湊
湊のつく地名は全国各地にありますがなんとなく※
などなど独り湊に臨む……
どなたか豆腐を1日煮て想い出をわかち合いませんか？

※豆腐百珍は大阪で出版されております。さっき出て来た著者の何必醇もおそらく関西の人でしょう。

誰かといっしょに1日煮たい度 ☆☆☆

山椒と味噌は相性バツグン！度 ☆☆☆☆

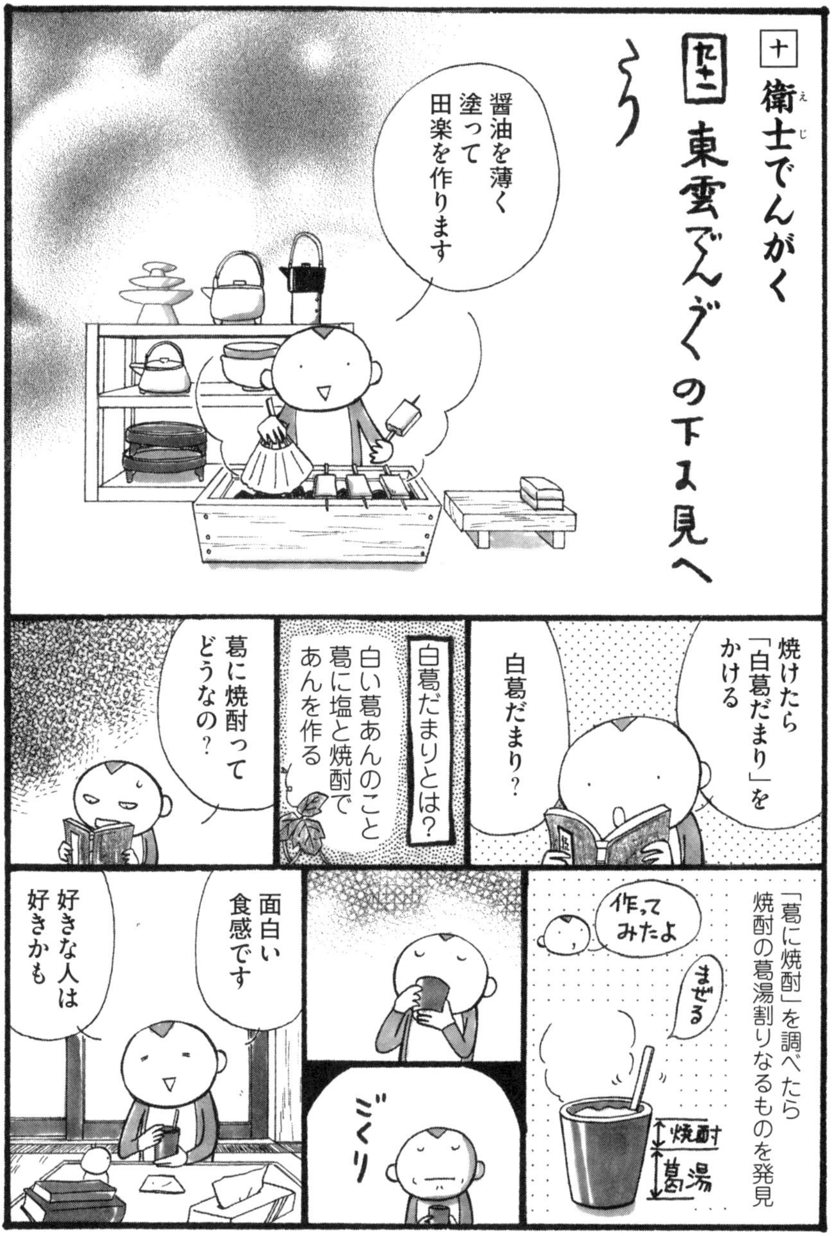
十 衛《え》士《じ》でんがく
九十二 東雲でんづくの下エ見へ
う
醤油を薄く
塗って
田楽を作ります
焼けたら
「白葛だまり」を
かける
白葛だまり？
白葛だまりとは？
白い葛あんのこと
葛に塩と焼酎で
あんを作る
葛に焼酎って
どうなの？
「葛に焼酎」を調べたら
焼酎の葛湯割りなるものを発見
作ってみたよ
まぜる
焼酎
葛湯
ごくり
面白い
食感です
好きな人は
好きかも

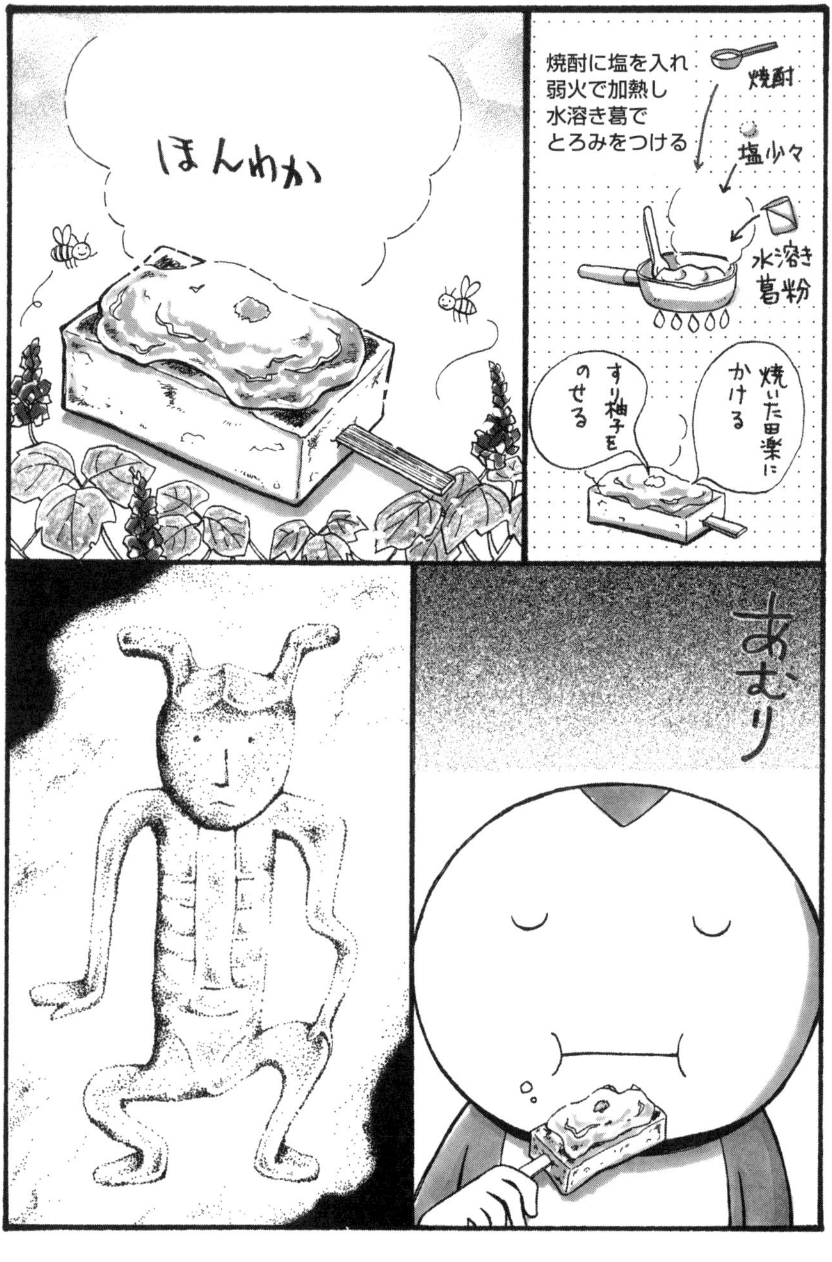
焼酎に塩を入れ
弱火で加熱し
水溶き葛で
とろみをつける
焼酎
塩少々
水溶き葛粉
焼いた田楽にかける
すり柚子をのせる
ほんわか
あむり

た
たとえようのない味
ごめんなさい
コメントできない
その後 私は試作を重ね
できた!!
白だし少々
焼酎ほんの少し
水少々
塩濃いめ
これに水溶き葛でとろみをつける
さっきよりおいしい
ところで衛士《えじ》ってなあに?
一説によると「絵事」の間違いかもしれないって
絵を描く時 白は後から描くでしょ 白葛を後からかけるのとかけたんでしょ
洒落た命名よね

わかったようなわからないような度 ☆☆☆☆

十二 極楽《ごくらく》とうふ
四十七 吾妻でんがくの
下ス見へよう
もち米を水に漬けておく
これをよくすって
ゴリゴリゴリ
田楽に塗って焼く
とろり
おもちの焼ける匂い
フンフン
パチ
パチ
おもち部分ふくらんでる!
オモチローイ
わさび醤油で召し上がれ

じっちゃんの名にかけて、すべて謎は解けた！度 ☆☆☆☆

十二
夕顔《ゆうがお》とうふ
ギコ
杉の板を切っています
ギコ ギコ ギコ ギコ ギコ ギコ
板を4回切る
① ② ③ ④
豆腐半丁がぴったり入る箱を作るためです
平らに半丁
イメージ
ギコ ギコ ギコ ギコ ギコ ギコ
このノコ切れねぇ
サビ サビ
ギコ ギコ ギコ ギコ
かこん
ぶえー やっと切れた
あと3回

そんで
まあ
ギコ
ギコギコ
なんとか
切れまして
でも
ここまでくれば
あとは楽勝よ
みてらっしゃい
ちゅいいいいん
ぱき
!
ビスが太くて
板が割れた
クギも
そんなに
細いの
ないん
だけど…
コココ
ココ
ばきっ
薄い板のほうが
作りやすいと
思ったけど
薄すぎて
やりにくい
5時に
なりました—
子どもは家に
帰りましょう
て——ん
てて
ててて
ててて
て——
手元が
暗い…

できた
なんとか完成
それでは半分に切った豆腐を箱に入れて熱湯をかけます
じゃば
!
杉の木の良い香り
辻さん※も赤杉の利休箸《りきゅうばし》は理想的なお箸って言ってたし杉は料理をひきたてる香りなんだね
次はタッパーに醤油を3㎜ほど入れて
箱ごと豆腐を入れます
それから
寒中に三晩さらす
ガクッ
3日もかよ

※辻嘉一——有名料亭「辻留」の2代目。

はいはい
わかりましたよ
じゃあ冷凍庫に3日入れます
3日後
3日経ったのでそろそろ食べます
わー コチコチだ
豆腐が醤油を吸って茶色くなってます
これを小さく切ってそのまま食べろって
凍った豆腐ってどうなの!?
不安
夕顔とうふできました
コチコチです

おつまみどうぞ
はぁ
ビリ
ッ
何この味!?
入国拒否味!!
手荷物検査じゃん
ぱく
あむ
あ
ちょっとこめかみが痛いかも
うまいじゃん
マズイとこめかみが痛くなる自分発見☆
うまいじゃんコレ
オレけっこう好きな味
大豆の味が際立つっていうか
濃厚な豆の味と程良い醤油のしょっぱさが奏でるワルツ？
冷たい豆腐にお湯割りの焼酎がしみ込んで
口の中でホロリと溶けるベストカップル
そこにはウンチクを語る夫がおりました

器から作るのかよ！度 ☆☆☆☆

十三
観世《かんぜ》じる
薄きり豆腐を稀稠の
中未醤まで煮て胡麻
なんさい
「夕顔」「観世」ときて「観世」だから能がらみなんだろう
薄切り豆腐を濃いめの味噌汁で煮ます
胡麻あんってなんだかよくわからないので
葛あんにゴマを入れてみます
水
醤油
ゴマ
水溶き葛粉でトロミをつける
トロ〜リ
豆腐にあんを乗せて完成です
あれ？なんかまたコメントできない味
まずくはないんだけど…
葛あんの味付けは各自工夫すべし
白出汁《だし》に炒りゴマすって入れたらまあまあでした

名前は素敵よね！度 ☆☆☆☆

豆腐百珍などを
読んでいて
気がついたのは
重低音に
響く
「平家物語」
ぎょーん
ぎょーーん
中世から近世にかけて
幕府の庇護のもと
「当道座《とうどうざ》」という
『平家物語』を語る
琵琶法師の座があった
だから
みんなが
よく知ってる
話なんだよね
ちゃんと
読まなきゃ
な～
と『平家物語』に
ついて考え
ながら
図書館
なにげなく
手にとった本
ぺら
平家讃歌
ぎゃー
ここにも
平家が!!
読みますよ!!
びっくり
しました
びるま
『びるま』
日和聡子さんの詩集でした

通品

通品
十四
青《あお》みそ田楽《でんがく》
通品に入ります
通品は作り方が載ってないのでとんちで切り抜けます
「青味噌」は味噌に青のりを混ぜたものとします
これを豆腐に塗ってグリルで焼けば「青みそ田楽」
青のり多めで!!
青のり
味噌と青のり相性バッチリ
簡単なのでぜひお試しあれ！

青のりっておいしいよね！度 ☆☆☆☆

十五
山梔子《くちなし》ぞめの色《いろ》ハンペン
山梔子《くちなし》
アカネ科の常緑低木。雌雄同株。初夏に香りの良い白い花が咲く。一重咲きや八重咲きの品種があり、庭木として人気。果実は黄色い染料として、たくわんやきんとんなどに使われる。
果実　秋に熟す
果実は花材としても使われます
虫にも人気
くちなしって栗きんとんでしか使ったことなかったけど
他にも色々使い方があるんだね
東海道中膝栗毛《とうかいどうちゅうひざくりげ》にも瀬戸名物「染飯《そめいい》」が出てたよね
瀬戸染飯
さてはんぺんはどうやって作ろうか
前回の※豆腐百珍ブログでは長芋で作ったよね
あ ブログにコメントきてる
コメント
豆腐百珍、購入して
この卵白はお菓子を
みたいにメレンゲにし
この卵白はお菓子を作
みたいにメレンゲにしたほ
と思いながら 実行に移

※『豆腐百珍百番勝負』の五、はんぺん豆腐の時のこと。何度も言うようですが、通品は作り方が1文字たりとも載ってません。

メ《ゥ》…
メ《ゥ》…
メ《ゥ》…
メレンゲ《ウォーター》!!
ザバ
ガッション
ガッション
サリバン小林先生

そうか
卵白をメレンゲにすればいいのか！
実
くちなしの実を砕いて水に漬けておく
卵白1個を泡立ててメレンゲを作ります
豆腐は水切りしておいてください
シャカシャカ
シャカシャカ
豆腐をすってメレンゲをさっくり混ぜる
色づく程度にくちなしの汁を入れます
そんで蒸す
できた！ほんのりくちなし色のはんぺんだ
ほんのり黄色だよ

おいしい
はんぺんみたいにふわふわしてる
コショウかけてみよう
ゴリゴリ
お！いける
あむ
メレンゲ混ぜて蒸すとふんわりしておいしいんだね
もしかして今までの卵白使って蒸すメニュー(5品ぐらい)もメレンゲにすべきだったのだろうか…!?
余ったくちなしの実はどうしようか……
栗きんとん作れば
あれ面倒なんだよねー
イモのうらごしとか

今年の演劇大賞はこざるヘレン度 ☆☆☆☆

十六
青《あお》のりぞめの色《いろ》ハンペン
卵白1個を泡立ててメレンゲを作ります
砂糖はなしよ
シャカ
シャカ
メレンゲ
(英／仏) meringue
砂糖に卵白を加え、泡立てるのが一般的な作り方。来歴はスイスのメリンゲン村発祥とか、17世紀のフランスの料理本に初登場など諸説あり。
卵白1個分のメレンゲと水切りした木綿半丁青のり少々をさっくり混ぜる
メレンゲ
青のり
とうふ
型に入れて15分程蒸して完成です
ふんわりはんぺんみたいでおいしいよ
青のりが合うね
醤油かけてね
メレンゲ万歳

メレンゲとの出会いプライスレス度 ☆☆☆☆

十七
管《くだ》とうふ
くだとうふ
？
？
管って？
管のように穴が開いている？
管状で長い？
てやんでえ べらぼうめ しゃじけてんじゃねーぞ
クダ巻くなよ
よくわからんので
木綿豆腐を棒状に切って
竹串を通してみた
穴あいた
おかか乗せて醤油でいただきました
普通においしいですが どなたか管のヒントプリーズ
答えでも可です

公園の土管と言えば、お笑い漫画道場度 ☆☆☆

十八
すくい豆腐《とうふ》
まず朧《おぼろ》豆腐を作ります（四、鍋やき豆腐 P.19 参照）
朧月夜に朧月夜が朧げに朧豆腐を作るの
いいから
できた朧豆腐をすくってお皿に盛れば
すくい豆腐のできあがり
すくい豆腐いとうまし
召せ召せ

いと簡単度 ☆☆☆

十九
丸油煠《まるあげ》
木綿豆腐1丁を水切りして文字通り丸ごと揚げます
じゅー
じゅー
弱火でじっくり揚げること20分
時間かかるね～
この間人生について思索するもよし宇宙の深淵さに思いを馳せるもよし
できた!
ど
ん

おいひい
見た目は厚揚げ然としておりますが
なぜか市販の厚揚げよりおいしいです
揚げたてだからかな？
豆の味が濃ゆいの
しょうゆかけたよ
揚げ物にハズレなし
おいしいと踊るよね
油揚げもいいが丸揚げもよいな

踊りゃなそんそん度 ☆☆☆

二十
しき葛豆腐《くずとうふ》
作り方ちょっとだけ載ってます
「うどん豆腐にすり山葵《わさび》」だって
じゃあ文言通りにいきまっか
出汁《だし》に醤油で味付け
水溶き葛粉でトロミをつけて葛あん完成
細長くうどん状に切った豆腐を
湯で温め水を切り
わさび
先の葛あんの上に乗せてできあがり
これをもってしき葛とす
個人的には山葵よりからしが好きですが
葛あんものは安定したうまさです
豆腐百珍
縮緬《ちりめん》豆腐にそっくりですが

葛粉はかたくり粉より繊細な気がする度 ☆☆☆☆

佳品

佳品
二十二
牡丹豆腐《ぼたんとうふ》
ちゃんとやっとるか?
やってますよ佳品に入りましたよ
久しぶりに一緒に作りましょう
豆腐を円柱状に切って
油で揚げる
それを4つに切って
昆布出汁に山椒を入れて煮る
山椒
味つけは醤油
ここに浅草のりを溶いてべったりかけろって書いてあるので
生のりあるので乗せてみましょう
うむ
生のり

ショウガ
すって
乗せてね
そこはかとなく
ペヤングの
かやくの
かほり
フン
フン
どれ
どれ
むま《うま》っ
〜〜の
〜〜〜
ブツブツ
普通の
豆腐と
思って
いーたけーど
LOVE ♪

JASRAC 出 1708503-701

のりの日の1993度 ☆☆☆☆☆

二十二
御手洗《みたらし》でんがく
あれ
「手作りのとっても堅い豆腐」だって
手造りのとっても堅い豆腐
へーこんなのあるんだ
試しに買ってみよ
おお
すんごい堅い!!
重いし
これはいんでねえの？
味見
ぱくっ

キャーーッ
何これ
すんごくおいしい
豆の味が凝縮されていてかなり濃厚な味わい
衝撃のうまさ!!
これで作れば何でもウマイんでねえの!?
調理開始
豆腐を※中骰《ちゅうさい》に切りザルで角をとる
豆腐百珍 九、霞豆腐《あられとうふ》でやりましたね
後醍醐天皇↓
昔…
パチパチ
うどん粉をまぶし
串に刺し
山椒醤油をつけ焼く
しょうゆ
山椒

※中くらいのサイコロ型。

京都の下鴨神社の御手洗池で手を洗ったら泡が４つ浮いてきたのよ
その言い伝えから団子を４つ串に刺して売ったのよ
御手洗団子の始まりですな
フォッフォッフォッ
焼けたんで食べましょう
3っしか刺せなかったのよ

おいしい
もっちりとおいしい豆腐だねー
山椒風味の醤油がまことに香ばしい
この豆腐相当うまいですよ!!
下鴨神社みたらい祭
毎年土用の丑の日前後5日間下鴨神社の御手洗池に足を浸し無病息災を祈る「足つけ神事」が行われている

このお豆腐、本当においしいんだよ度 ☆☆☆☆☆

二十三
実《さね》盛《もり》とうふ
長井 斎藤別当実盛《さいとうべっとうさねもり》(一一一一～一一八三年)
もと源氏方であったが 平治の乱以降は平家に仕え
篠原の戦いにおいて齢73歳にして
白髪を黒く染め
勇敢に戦ったのであった
この実盛に見立てた豆腐料理です
薄く切った豆腐を
前回の堅い豆腐
出汁醤油で煮て
黒胡麻をすりびっしり乗せる
しょうが汁をしぼる

実盛さまはかっこいい！度 ☆☆☆

二十四 卯《う》の花《はな》とうふ
二十五 山吹《やまぶき》豆腐
とうふを油にてさいりと
煠一時ばかり過て豆油
一杯水一杯酒三杯にて烹
たてる也 但し器に汁
またまた
堅い豆腐で
いきます
豆腐を
適当に切って
揚げます
じょわ〜
じょわ〜
一時《いっとき》置く
なぜ
2時間も!?
醤油1
：
水1
：
酒3
で煮る
※薯屑《じょこ》を作る
山芋を
スライスして
茹で
裏漉しして
先の豆腐に乗せる
唐がらしを
のせる

※『豆腐百珍』五十四、瞿麦とうふにも出てきます。

これ卯の花とうふなり
山芋がホロホロしてておいひい
薯屑の代わりにゆで玉子の黄身を乗せると山吹豆腐なり
揚げた豆腐うまし

山芋ってかゆくなるよね! 度 ☆☆☆

二十六
小《こ》もん豆腐《どうふ》
またまた この堅い豆腐を 使うのよん
まず 豆腐を すりつぶし
ん!?
堅!!
なんという 堅さ
すりこぎを はね返す 勢い
これを 濾してから
細かくちぎった のりを混ぜ
そして クッキング ペーパーに 包んで茹でます
輪ゴム

いや、「七、一種のカステイラ」はこの豆腐でもダメだったと思う度 ☆☆☆☆

二十七
小笠原豆腐《おがさわらとうふ》
豆腐を適当に切り
醤油味の葛あんで煮て
器に盛ってからしとかつお節をかける
醤油味の葛あんかけシリーズ
「豆腐百珍」
六 高津湯豆腐
七 草の八杯豆腐
三十九 おぼろ豆腐
四十一 青海豆腐
四十七 いもかけ豆腐
六十七 縮緬豆腐
「続豆腐百珍」
二十 しき葛豆腐
だからこれも同じじゃんか
ちょっと違うのよ
おいしいでしょ
まああんかけおいしいけどさ
自分好みのあんかけ上達したし
小笠原氏の故郷
江戸
富士山
ところで小笠原って地名？大名？
小笠原長清
逃げた！

何必醇さんはあんかけ好きなのかもね度 ☆☆☆☆

二十八
腐乾《ろくじょう》
「豆腐に塩をまぶして夏の炎天下にさらす」って
今冬なんだけどどうしようかな
ネットによると
豆腐を干してコチコチになったら
薄く削って食すようです
とりあえず塩をまぶし
部屋の片隅で干すことにした

ただいま
なんか
また妙なこと
やってるね
ああ
それ
豆腐百珍の
干してんの
ふーん
2週間ほどで
コチコチに
少し小さくなった
へー
こんなに堅く
なるんだ
そのまま
干すこと1カ月
啓蟄《けいちつ》の声を
聞くと
にわかに
様相は激変
豆腐は
白い粉に
覆われていった

これって干し柿の粉みたいなもの？
カビじゃないよね
私は表面を削り取り
細かく刻んだ
かような珍味を独りで召すのはもったいのうございます
小林様もぜひに
持ってくんな
我々は仕方なく口に運んだ
いかくん味!!

体張ってるんだぜ！ろくじょうロック度 ☆☆☆☆

二十九
松《まつ》風《かぜ》豆腐《とうふ》
材料
豆腐6：味噌3：卵1
この割合で
粉山椒
酒少々
けしの実少々
材料をすり混ぜフライパンで焼く
見た目パンケーキのいとこな感じです
いただきます
ん
もっとこんがり焼いたほうがいいかも
で焼くこと数回
じゅ〜〜
できまったけ!

さっきより
うま――い
けしの実も
たくさん入れると
しゃくしゃくして
歯ごたえがいいよ
何回か作ってみるって
大切なことなんですね
そうよ!!
松風はお能の
「松風」
なのかね？
「松風」
須磨で在原行平の
寵愛を受けた
海女の姉妹
松風と村雨の物語

料理研究家、ふたりのレジェンド降臨度 ☆☆☆☆

※ひら——平らに。

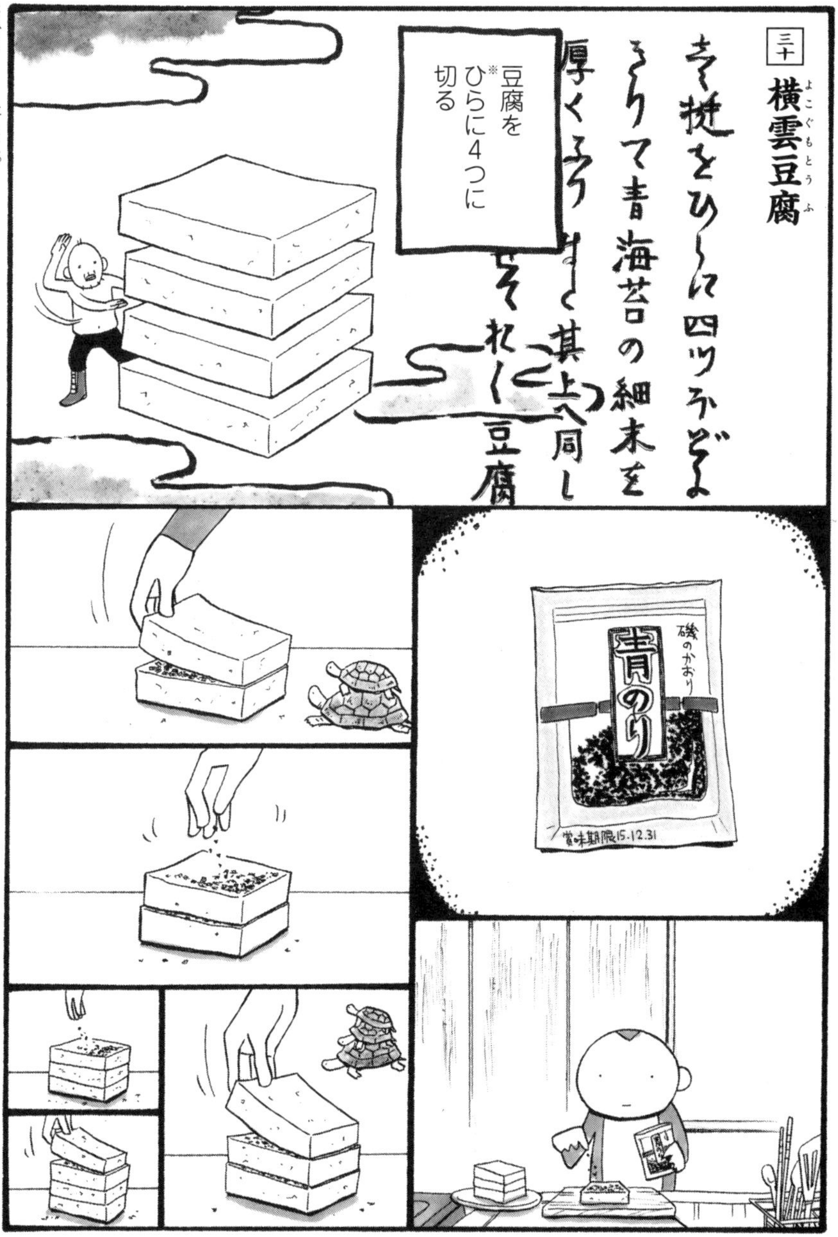

サイレント＆マカロニ！度 ☆☆☆☆

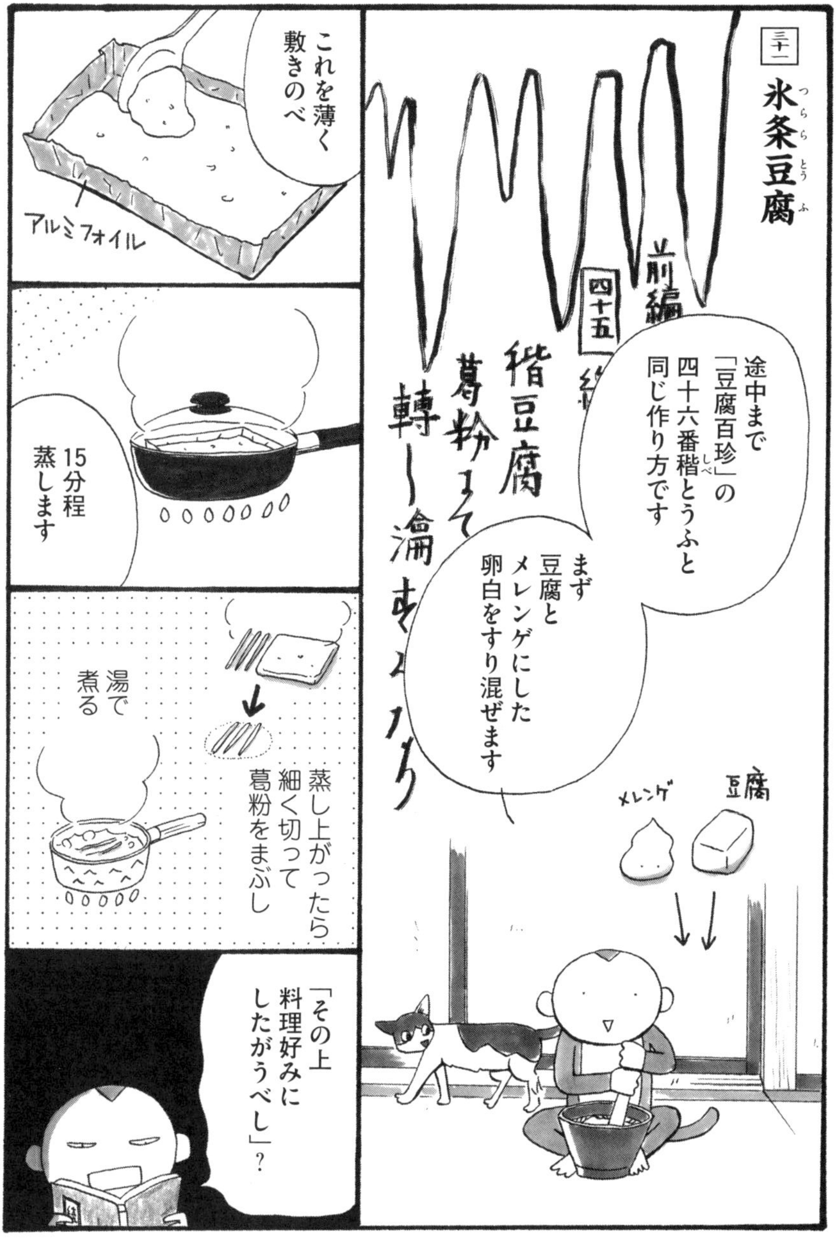
三十二
氷条《つらら》豆腐《とうふ》
前編
四十五
途中まで「豆腐百珍」の四十六番稭《しべ》とうふと同じ作り方です
まず豆腐とメレンゲにした卵白をすり混ぜます
豆腐
メレンゲ
これを薄く敷きのべ
アルミフォイル
15分程蒸します
蒸し上がったら細く切って葛粉をまぶし
湯で煮る
「その上料理好みにしたがうべし」？

どーせいっちゅーねん
かつお節かけて
醤油かけました
うまくもマズくもないです
つららつながりで江戸時代の珍メニューを紹介
氷柱《つらら》の吸い物
塩味の湯につららを折って入れる
（『料理珍味集』より）
つらら豆腐
君の本意がわからない
うらぁー
きゃー

つららの吸い物、ただのぬるいお湯じゃね？度 ☆☆☆☆

2時か
そろそろお昼にしようかな
今日の私は何腹かしら？
否《いな》
貴様はいつも豆腐腹じゃあ
げえええええ
そばこ
三十二
蕎麦《そば》とうふ
前編

蕎麦とうふは前回の『豆腐百珍』四十五線麺とうふにそば粉を入れたものです(たぶん)
線麺とうふおさらい
豆腐をすり混ぜ
クッキングシート
平らにのして
蒸す
切る
またとうふかいな
くいな
水切りした豆腐半丁
卵白1個分のメレンゲ
そば粉
すり混ぜる
まとまったら
切る
めん棒でのして
ねちねちしてて くっつくー
ばえーー
水分多いんだよ
そば粉
打ち粉多めでなんとかしのげ!!
ぼろ
ぼろ
ぼろ ぼろ
ぼろ
黙して茹でるあなた
つゆを作るわたし

ネギ散らしてみました
茹でたそばがきみたいですね
つゆうまい
ぶるぶるぶる
小林様
小林様豆腐百珍史上初の途中棄権
どたっ
ギブ
ネチネチして味がなくて食えん!!
オブラート食い過ぎた時ぐらいマズイ
何回か試作してみました
要はそば粉と豆腐の割合なんですよね
茹でずに蒸してみました
① そば粉大さじ３と水切りした豆腐をよく混ぜる
これくらい
ポロポロになるように
② 水を少しずつ入れてよく練る
③ 薄くのして15分蒸す
クッキングシート
④ 細く切ってそばつゆで食す

蒸すのが正解！ なるべく細く切ると良し！ 度 ☆☆☆☆

三十三
鯨《くじら》豆腐《とうふ》
堅い豆腐を水切りします
豆腐の
水をよく
長さ杉の
其上へ又
豆腐をよくすって杉の箱に八分目くらい入れます
十二 夕顔とうふで作った箱
タッパー
残りの豆腐に鍋墨を削って黒く色付けよとありますが
昆布で代用
ふりかけ昆布
混ぜる
昆布混ぜ 豆腐
白い豆腐
15分蒸す
蒸し上がったら中骰に切って軽く揚げます
じゅーじゅー
「とうふの本」阿部孤柳・辻重光／著（柴田書店）の中に辻重光さんの作った「くじらとうふ」を発見
つなぎに山芋か
なるへそ

背美鯨
座頭鯨
真甲鯨
うーん まあ特別 おいしいってもん じゃないねー
むぐむぐ
この手の蒸し物の役割は前菜の賑やかしだよね
鯨漁（勇魚取《いさなとり》）の歴史は古く
江戸時代には大規模な
組織的捕鯨が行われていた

でも見た目は面白いよ度 ☆☆☆☆

三十四
蒲鉾《かまぼこ》とうふ
材料
豆腐7：胡桃3
この割合
ゴリゴリ
豆腐と胡桃《くるみ》をすり混ぜます
カマボコ板に塗って
20分蒸す
オーブントースターで少し焦げ目をつけてできあがり
チーン
あれ!? おいしい
胡桃効果!?
おまけ
①「料理珍味集」(一七六四年)にも「蒲鉾とうふ」載ってたよ
またパクったな
違うわよ
②秋田県に江戸時代から伝わる郷土料理「とうふかまぼこ」と「とうふカステラ」があるよ

ちゃんとカマボコみたいなんだよ！度 ☆☆☆☆

三十五
胡桃飛龍頭《くるみひりょうず》
右よ見へら
えー
胡桃飛龍頭ってぇ
言いますのは
なかなか手数が
かかるもんでぇ
ございまして
牛蒡《ごぼう》、銀杏《ぎんなん》、
木耳《きくらげ》、甘栗、
麻の実なんかが
入ります
牛蒡は皮が厚いんで
包丁でこそげるように
むきましてぇ…
銀杏(5ヶ)
甘栗(5ヶ)
木耳(3枚)
細かく刻む
牛蒡(5cm)針に切る
麻の実大さじ1杯
具を油で炒めて
水切りした堅い豆腐と胡桃をすり混ぜ
具を丸め
豆腐で包み
小麦粉をふる
油でかりっと揚げます

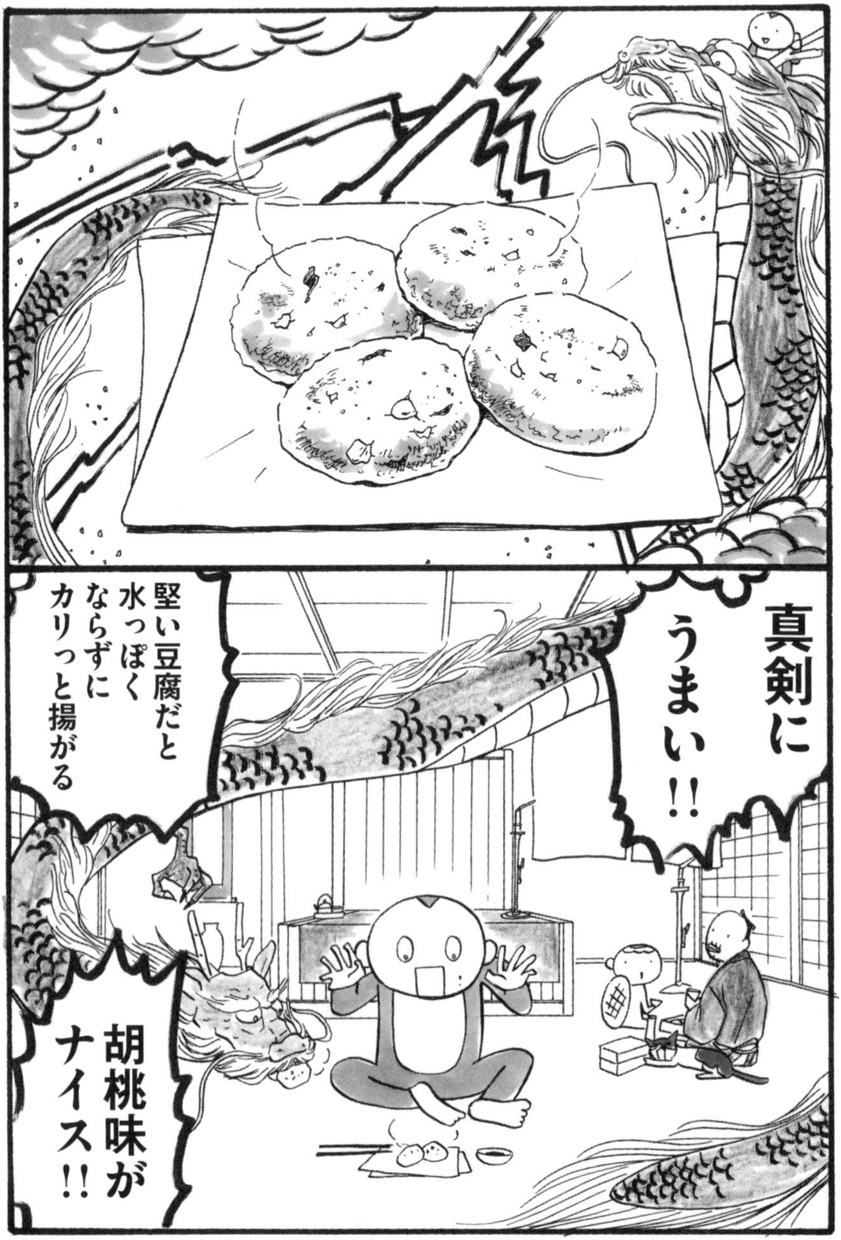
真剣にうまい!!
堅い豆腐だと水っぽくならずにカリっと揚がる
胡桃味がナイス!!

これホントにすごーくおいしい度 ☆☆☆☆

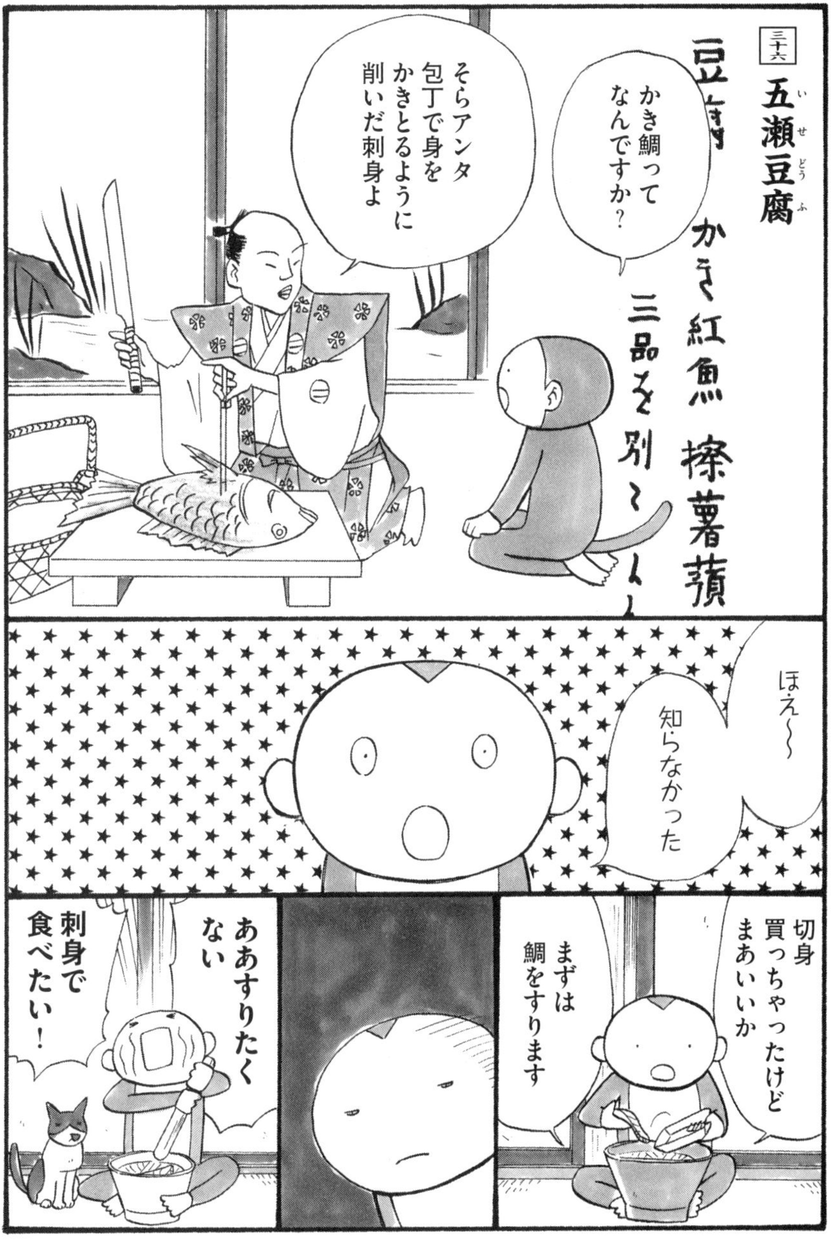
三十六
五《い》瀬《せ》豆《どう》腐《ふ》
豆腐 かき紅魚 擦薯蕷
三品を別〻
かき鯛ってなんですか？
そらアンタ包丁で身をかきとるように削いだ刺身よ
ほえ〜〜
知らなかった
切身買っちゃったけどまあいいか
まずは鯛をすります
ああすりたくない
刺身で食べたい！

わかる
刺身は鯛が一番だからな
来てたんだ
小林様マグロダメですもんね
ついでに卵白をメレンゲにしてくださいよ
私は山芋をすります
鯛にメレンゲ、山芋をすりおろし堅い豆腐半丁を混ぜて
タッパーに入れて蒸します
山芋
とうふ
メレンゲ
この間に鶏《とり》味噌を作ります
鶏ひき肉に味噌と酒で味付け
味噌味の鶏そぼろかうまそうだな
伊勢豆腐（五瀬豆腐）
鶏味噌は「豆腐百珍」より60年以上前に出版された「料理物語」の中にすでに登場しております
鳥料理に至っては鶏のみならず白鳥、鶴、鴨、鷺《さぎ》などバラエティ豊か

豆腐が蒸し上がったら
適当に切って鶏味噌を乗せます
何これうまい!!
鶏味噌がいい仕事してるな
今までの蒸し物でダントツにうまいぞ!!

食った
食った
おいしいけど
鯛感が
あまりわからな
かったですね
そうか!! わかったぞ
鯛を贅沢に
使ってるわりに
鯛を感じ
させない
キュー
即《すなわ》ち
ラスカルの声を
野沢雅子さんが
やってるくらい贅沢な
「佳品」なのだ!!
なるほど

ラスカルは本当は坊ちゃんと一緒にいたかったんだよ度 ☆☆☆☆

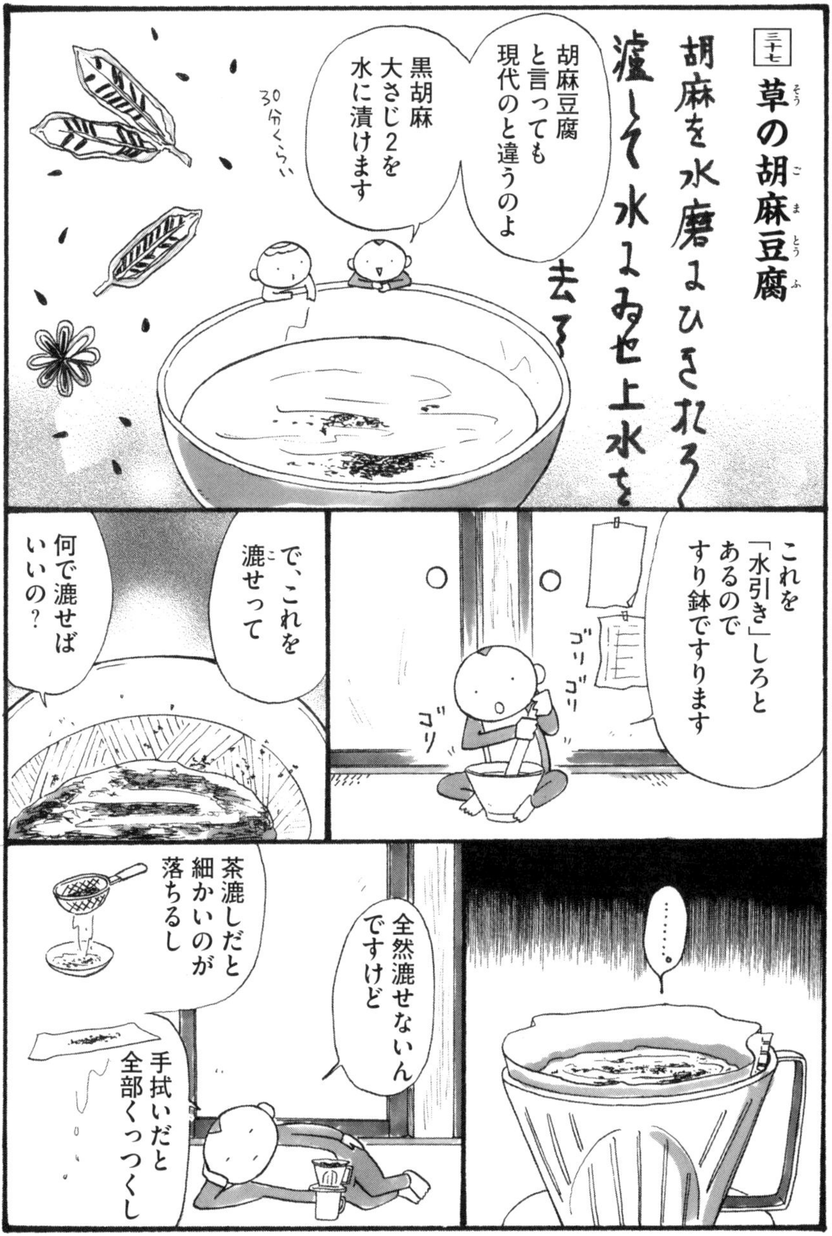

三十七
草《そう》の胡麻《ごま》豆腐《とうふ》
胡麻を水磨よひされろく
漉して水よみせ上水を
去て
胡麻豆腐と言っても現代のと違うのよ
黒胡麻大さじ2を水に漬けます
30分くらい
これを「水引き」しろとあるのですり鉢ですります
ゴリ ゴリ ゴリ
で、これを漉《こ》せって
何で漉せばいいの？
全然漉せないいんですけど
茶漉しだと細かいのが落ちるし
手拭いだと全部くっつくし
……。

水引きしないで 普通に 胡麻すれば いいんじゃねー
すり胡麻に 堅い豆腐を すり混ぜて
豆腐
蒸し上がったら できあがり
ほんのり 胡麻風味豆腐
堅い豆腐なんで 蒸してもOK
味噌が 合うかも
真の胡麻豆腐は 豆腐百珍続編の 附録に出てます
●豆腐百珍（100品）
●豆腐百珍 続編（100品）
●豆腐百珍附録（38品）
ここの5品目
●豆腐百珍余録（40品）
シリーズ全部で 278品もあるんだ ね〜〜
附録も 余録も やらんよ

豆腐百珍って、健康にいいじゃない？度 ☆☆☆

三十八 包《つつ》みとうふ
一挺を二ツに切
割て胡桃味噌
又とぢて
豆腐1丁を
真二《まふた》つに
切ります
豆腐の真ん中を
くり抜いて
胡桃《くるみ》
ゴマ、味噌を
よくすり混ぜます
胡桃
胡麻
味噌
味噌を詰め
ヒョコ
くり抜いた豆腐で
蓋をします

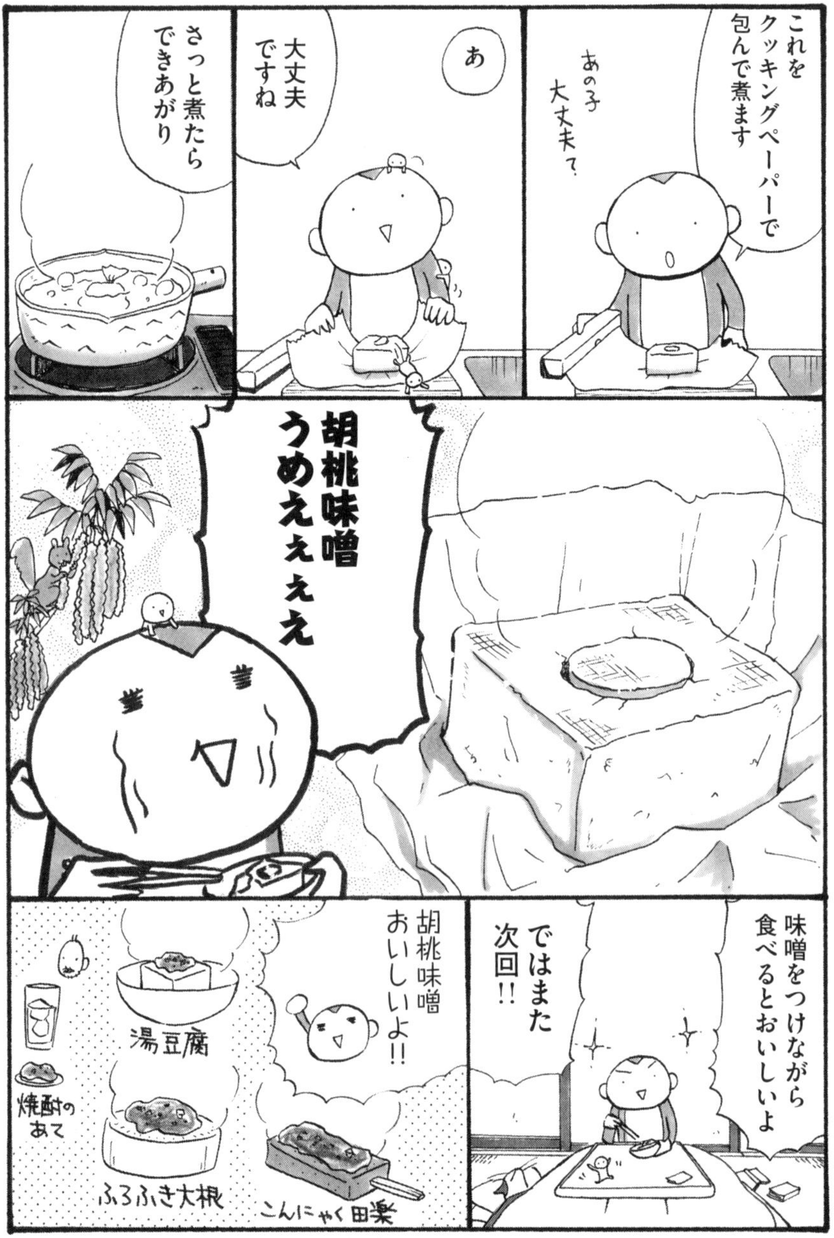
これをクッキングペーパーで包んで煮ます
あの子大丈夫て
あ
大丈夫ですね
さっと煮たらできあがり
胡桃味噌うめえぇぇぇ
味噌をつけながら食べるとおいしいよ
ではまた次回!!
胡桃味噌おいしいよ!!
湯豆腐
焼酎のあて
ふろふき大根
こんにゃく田楽

くり抜くって斬新ね！度 ☆☆☆

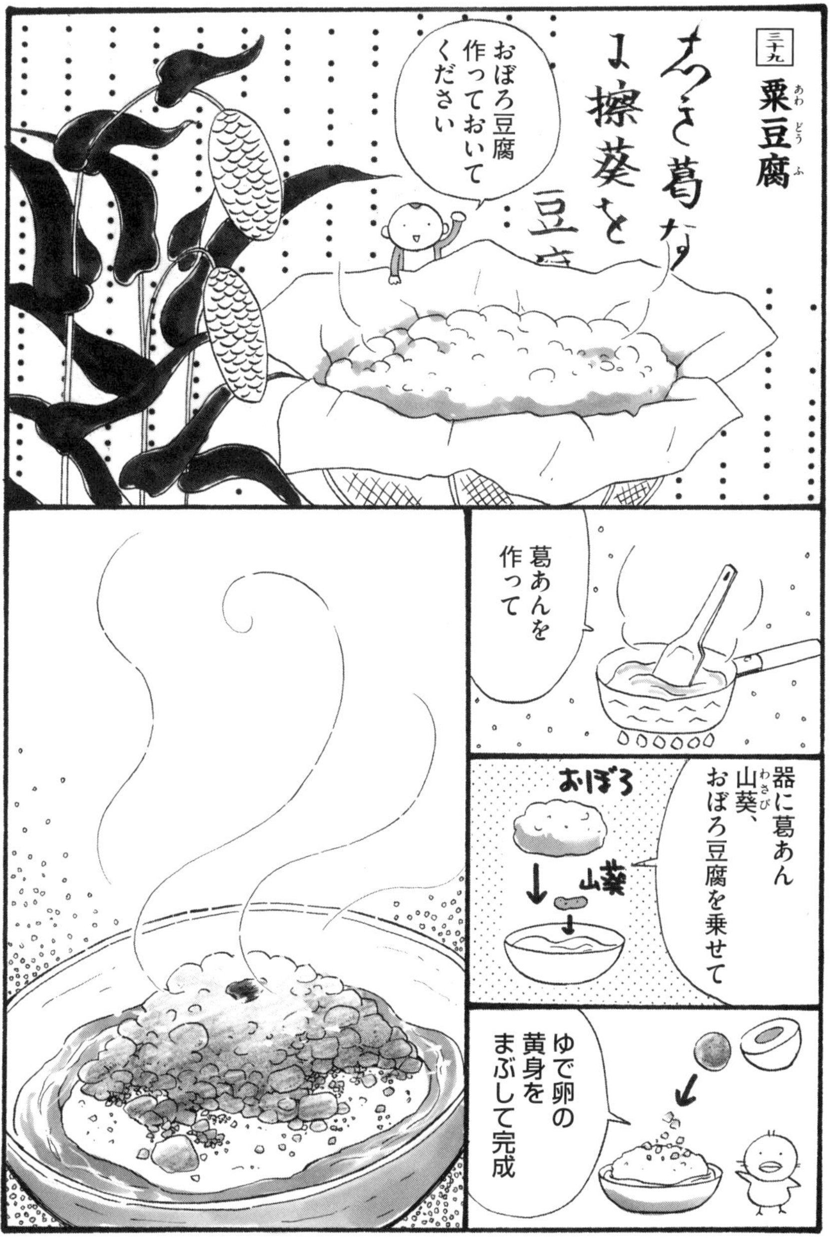
三十九
粟《あわ》豆《どう》腐《ふ》
おぼろ豆腐作っておいてください
葛あんを作って
器に葛あん山葵《わさび》、おぼろ豆腐を乗せて
おぼろ
山葵
ゆで卵の黄身をまぶして完成

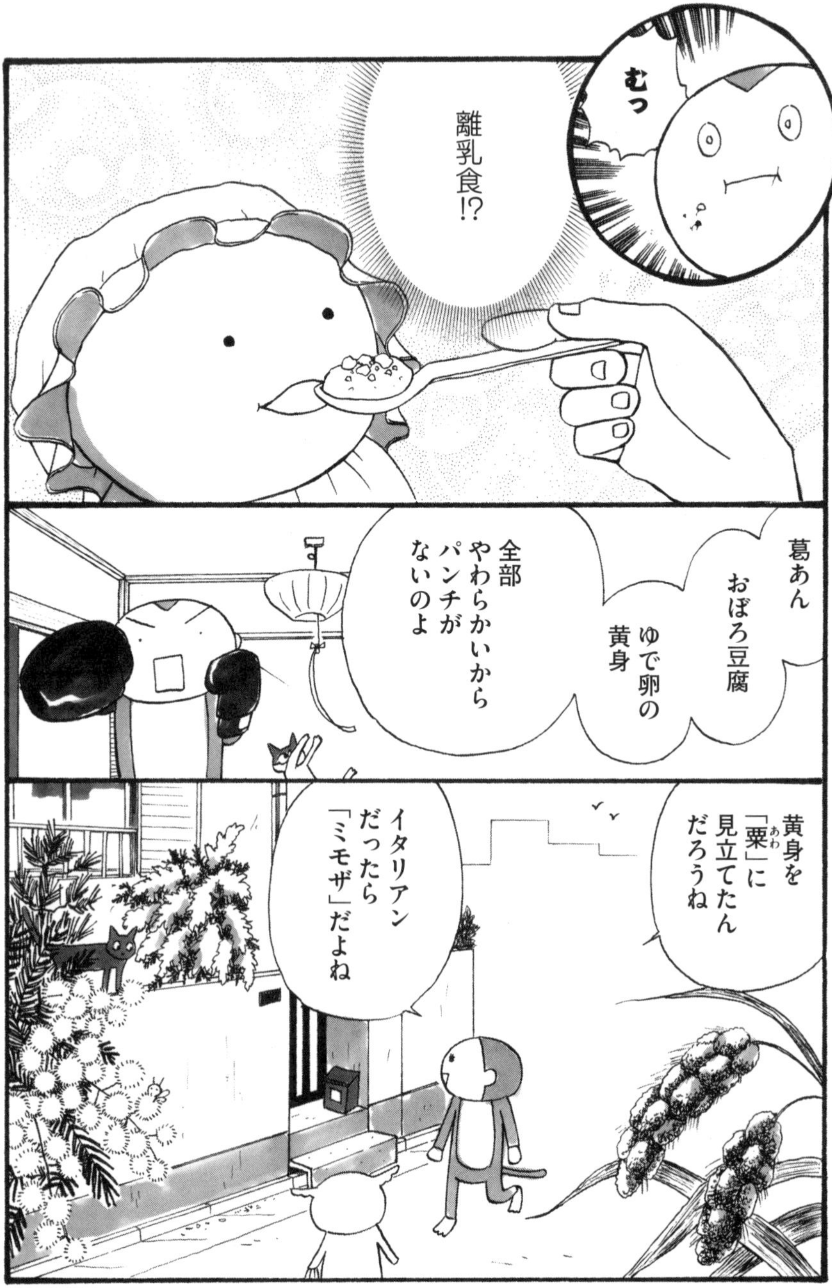
むっ
離乳食!?
葛あん
おぼろ豆腐
ゆで卵の
黄身
全部
やわらかいから
パンチが
ないのよ
黄身を
「粟《あわ》」に
見立てたん
だろうね
イタリアン
だったら
「ミモザ」だよね

赤子可愛い度 ☆☆☆

四十
いらだか豆腐《とうふ》
六十九　千歳と
の下よ見
豆腐をこの形に切って醤油味の葛あんで煮るだけ
フッ
フッ
豆腐百珍四十一番の青海《せいがい》豆腐みたい
青のりふるとおいしいよ
「いらだか」って修験者用のギザギザの数珠のことみたい
これじゃバランみたいだよね
そうねでもお豆腐おいしいよ

ギザギザ度　☆☆☆☆

四十二
長崎《ながさき》ケンチン
前編　七十七
ケンチェン
豆
まずは緑豆もやしを作ります
緑豆はもやしや春雨の原料で有名ですね。また、インドでは「ムングダル」と言いカレーに入れたりもやしを作ったりするそうです。
インド食材店で買いました
緑豆を一晩水に漬ける
軽く水を切り
鍋のフタ
容器に入れ蓋をする
ボール
そして窓辺に置くだけ
あとは1日1～2回すすぐだけ
じゃーじゃーー
※1週間ぐらいでもやしができます
自家製もやしは生きているので冷蔵庫入れても傷みにくいです
細いけどうまいよ
※気温によって異なります。真夏は傷みやすいので注意

具を炒めます
麩　粗めに砕く
栗　粗みじん
セリ　粗みじん
牛蒡《ごぼう》　針に切る
銀杏　2つ割り
木耳《きくらげ》　細切り
もやし
揚げた豆腐　薄切り
『豆腐百珍』七十七、真のけんちんにもやし入れただけです
ほぼ同じ
この具材の組み合わせって現代だと新鮮だよね
じゅーっじゅっ
ゆばを戻して炒めた具を包みます
かんぴょうも戻しといて
ゆばは切れやすいので慎重に巻きましょう
よし巻けた！
あとは油でさっと揚げます

上手にできた!!
ケンチン酢で召し上がれ
ケンチン酢
酢1
：
醤油1
：
ショウガ汁少々
パリッ
揚げたゆばがパリパリでおいしい
そんでもって中の具が
1985年のバース・掛布・岡田のようだ!!
「長崎けんちん」は長崎発祥の卓袱《しっぽく》料理
「ぶんどうもやし」が欠かせないんだって
卓袱料理はテーブルで食べる大皿料理

優勝するぐらい、いい感じってこと度 ☆☆☆☆

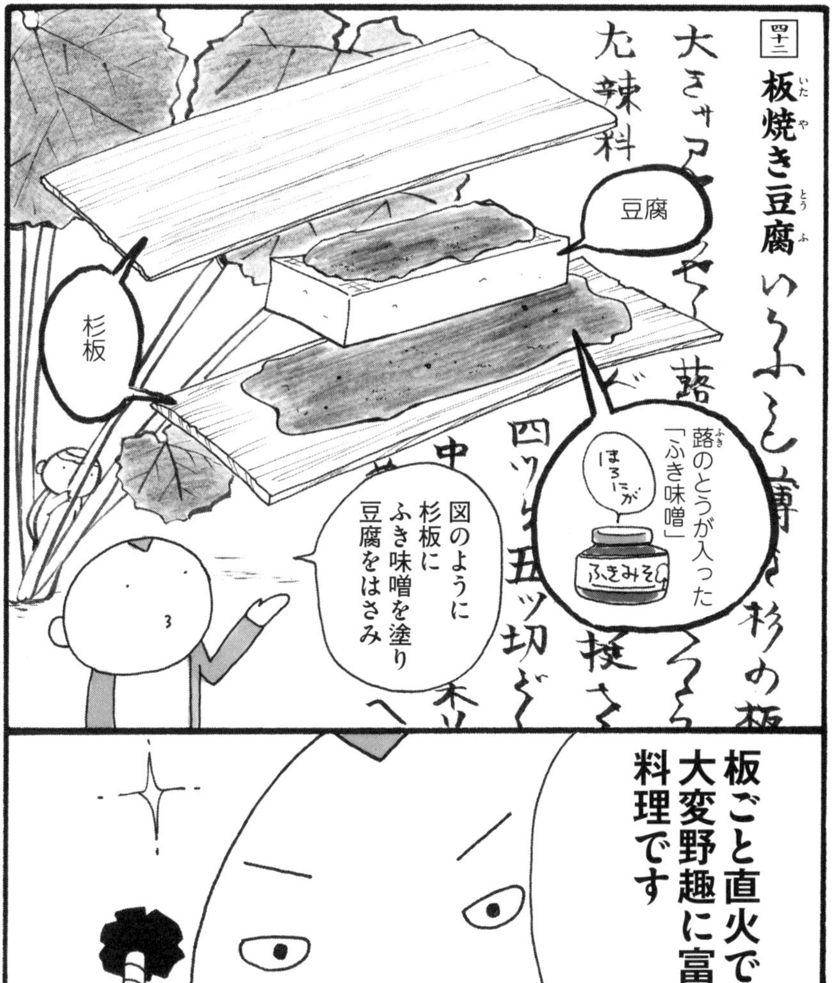
四十二
板《いた》焼《や》き豆腐《とうふ》
豆腐
杉板
蕗《ふき》のとうが入った「ふき味噌」
はろにが
ふきみそ
図のように杉板にふき味噌を塗り豆腐をはさみ
板ごと直火で焼く大変野趣に富んだ料理です

ちゅうか・・・とんだ料理だよっ!!
私だってさっきから視線が痛いわ!
パチパチパチ
たぶんあの人さっきから同じページ読んでますよ
←あの人
あいつら何やってんだって思ってるんだろうなー
あーっもうとっととと食べましょう
ぱかっ

いただきます
ぱく
フキ味噌のいい香り
生っぽいっすね
もっと焼いたほうがいいんじゃないの
弱火でもう少し焼こう
ガサガサ
ばふ
すっ
麦とポップ

外でやるとタモリ倶楽部感がハンパなかった度 ☆☆☆☆

四十三
うずみ豆腐《とうふ》
皆さま はじめまして イースト・プレスの 営業 明田と申します
私はただ今 都内某所に 来ております
おーい おーい
こっち こっち
何やら 珍妙な 輩《やから》が いますね
ようきた ようきた
まぁ 座れや
はあ
明田 ビールで いい？

なんすかこれ？
うずみ豆腐だ
おめーさんが今日来るっつうから
ぷーん
オラ朝から豆腐をホイルで包んで灰に埋めとった
それを醤油と酒で煮しめた「うずみ豆腐」じゃ

耐えられなかったんです。２人だけでは周りの視線に…度 ☆☆☆☆

四十四
丸《まる》押《お》し豆腐《とうふ》
豆腐を丸く切る
美濃紙《クッキングペーパー》で包み こより《わごむ》で結びます
そして醤油で煮染めます
フッ フッ
あっという間にできあがり

味は普通においしい煮豆腐です
手え抜いてんじゃないよ
前回の十五と同じじゃんか※
抜いてないわよ
と言いたいところですが
きー…っ
日々江戸時代の料理本を調べていて気がついたのは
P.30でも少し書きましたが豆腐百珍（一七八二年）より前にすでにたくさんの豆腐料理があったことです
1730年
1750年
1760年
料理綱目調味抄
料理山海郷
献立筌
「豆腐百珍」は1782年
豆腐百珍のメニューって
豆腐百珍より前に出た本にもいっぱい載ってんの
ですから豆腐百珍のメニューは意外と当時ポピュラーだったものが多いようです
今でいう麻婆豆腐や肉豆腐みたいな
あ
もちろんウケねらいのもあるよ

※『豆腐百珍百番勝負』の十五。

意外とちゃんとしてたんだね、何必さん。度 ☆☆☆

四十五
豆腐鮓《とうふずし》
前編　十五
押し豆腐を作っておこう
生姜を針に切って梅酢に漬けておく
梅酢
ご飯1合を炊いておく
ゆばを戻し醤油と酒で軽く煮る
醤油
酒
押し豆腐を棒状に切って醤油で煮染める
酢飯を作る
酢大2
砂糖大1
塩小1
木耳《きくらげ》を戻す
ここまでが下ごしらえでやんす

巻き簀《す》に ゆば その上に 酢飯を乗せて
煮染めた 豆腐を置いて
刻んだ木耳 梅生姜を 散らします
そして のり巻き状に 巻いて
4時間 置きます
なんで4時間? あいかわらず 意味不明の本 だな〜〜〜

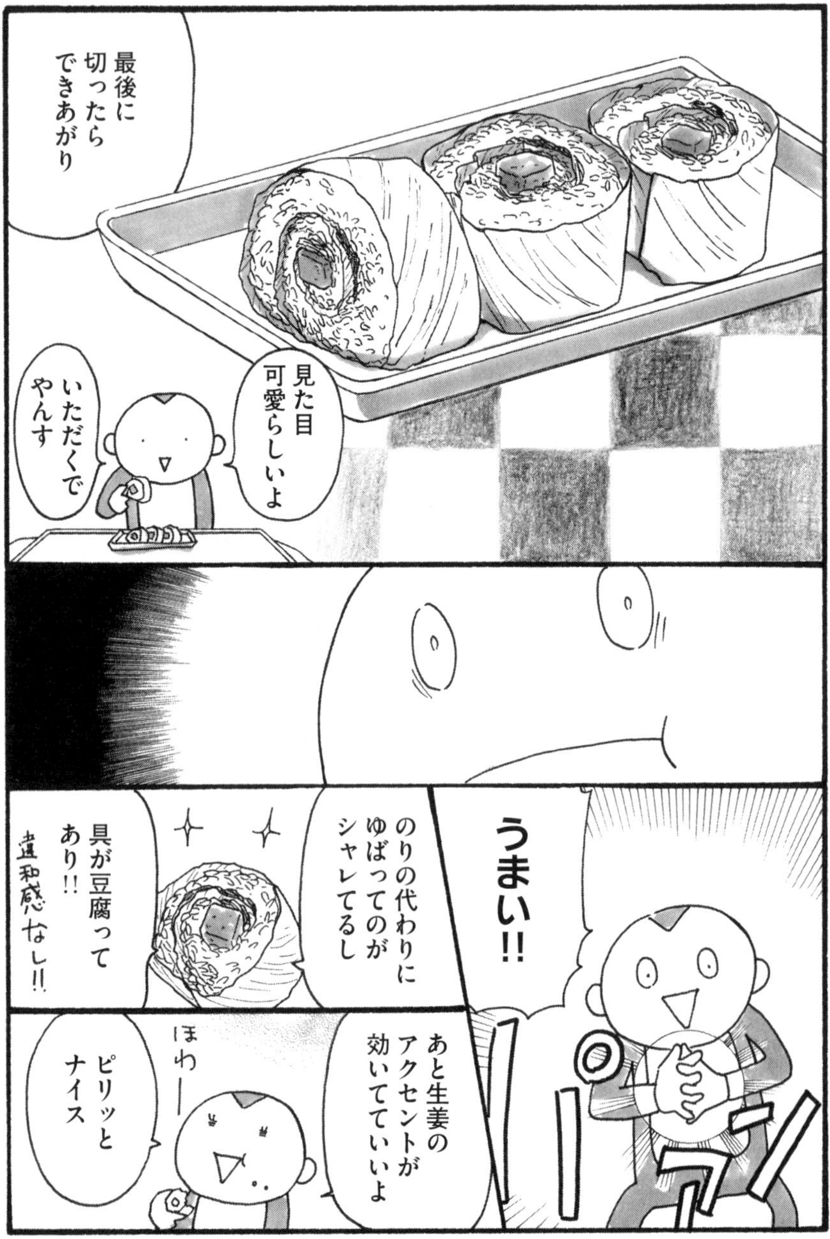
最後に切ったらできあがり
見た目可愛らしいよ
いただくでやんす
うまい!!
のりの代わりにゆばってのがシャレてるし
具が豆腐ってあり!!
違和感なし!!
あと生姜のアクセントが効いてていいよ
ほわー
ピリッとナイス

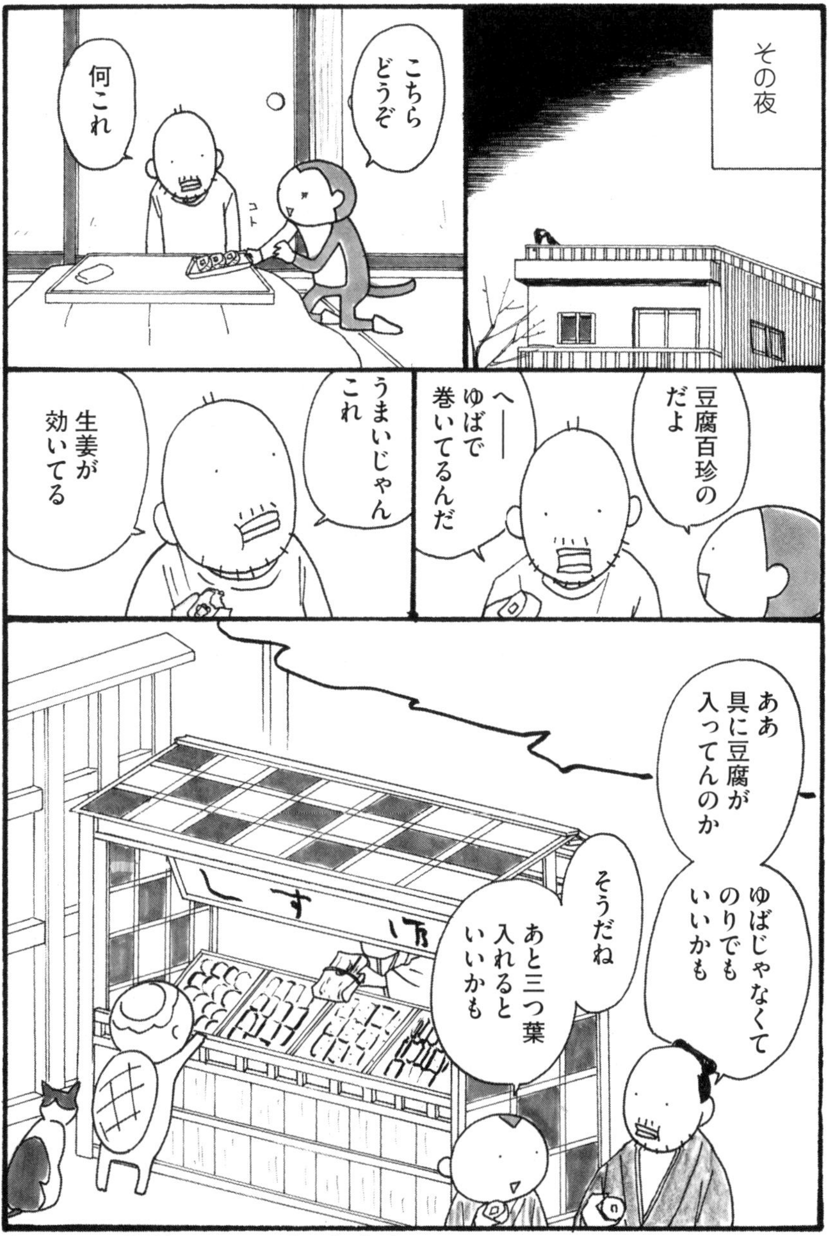
その夜
こちらどうぞ
コト
何これ
豆腐百珍のだよ
へーー ゆばで巻いてるんだ
うまいじゃんこれ
生姜が効いてる
ああ具に豆腐が入ってんのか
ゆばじゃなくてのりでもいいかも
そうだね
あと三つ葉入れるといいかも

良き一品。洒落てるわ〜度 ☆☆☆

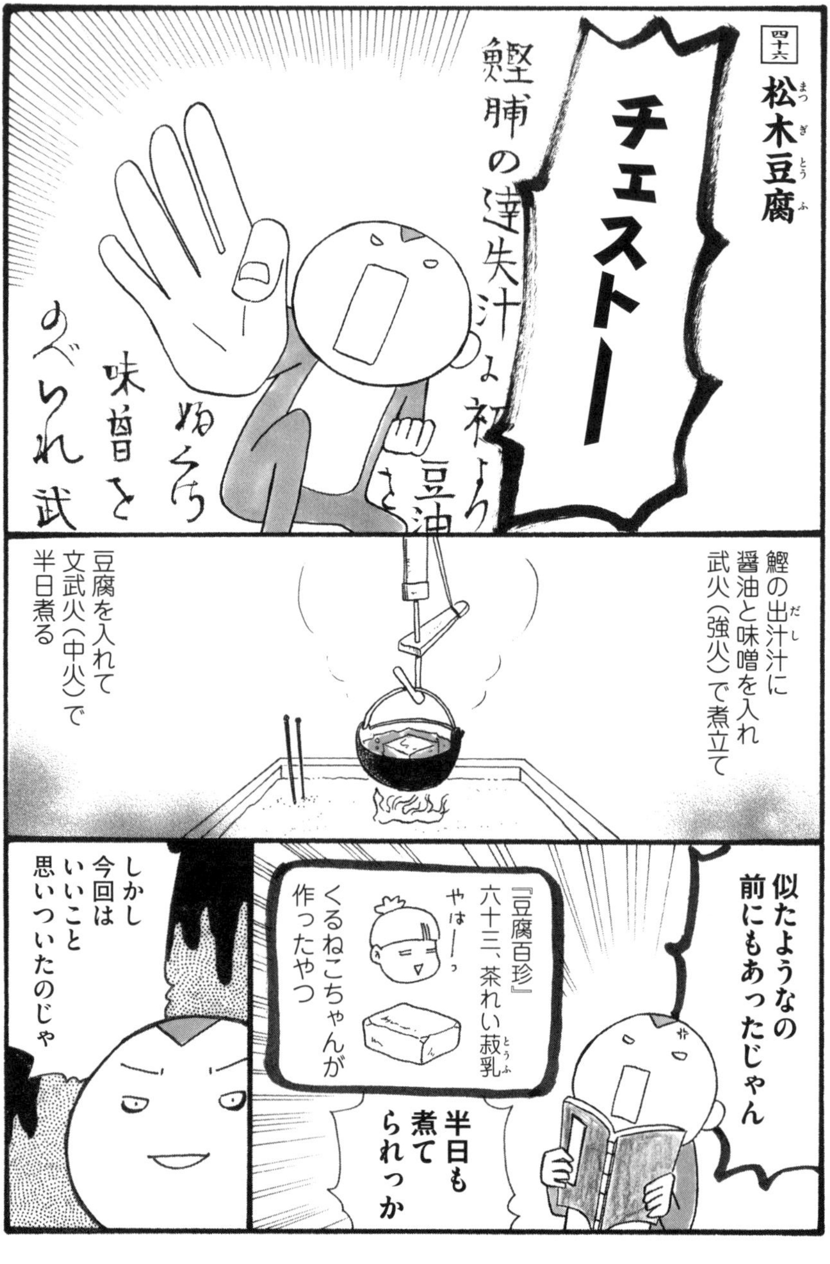

四十六
松木豆腐《まつぎとうふ》
チェストー
鰹の出汁《だし》汁に
醤油と味噌を入れ
武火（強火）で煮立て
豆腐を入れて
文武火（中火）で
半日煮る
似たようなの
前にもあったじゃん
『豆腐百珍』
六十三、茶れい菽乳《とうふ》
くるねこちゃんが
作ったやつ
やは～!っ
半日も
煮て
られっか
しかし
今回は
いいこと
思いついたのじゃ

これだ！
じゃーーん
囲炉裏《いろり》の代わりに炊飯器!!
ドクター中松もビックリのアイデアですよ
あとは材料を入れて
スイッチオン

ぱち
ほぼ半日後
できたかな?
かぱ
できました
楽焼の升皿《ますざら》があればそれで
私はくるねこちゃんにもらった角皿です
仕上げに山椒ふってね
味は…
まあフツー
味噌汁の豆腐的な味わいです
こざるクイズ
Q松木とは?
①熊本県玉名市の地名
②埼玉県さいたま市の地名
③東京都八王子市の地名
④千葉県印西市の地名
⑤栃木県日光市の地名
⑥藤原北家の堂上家の後の家名
君の答えを聞かせておくれ

うーん、5番?度 ☆☆☆

四十七
吾妻田楽《あづまでんがく》
辛子《からし》を塗って田楽を焼きます
葛あんを作っておいて田楽が焼けたらかけます
葛
水
醤油

辛子味っす
辛子醤油味
醤油濃いめがいいかも
「吾妻鏡」に頼朝の娘「大姫」が夫を殺され嘆き悲しんでいるので
慰めるため田植えの田楽を見せるシーンがあります
その吾妻かしら?

KARASHI! KARASHI! オー! プリーズ度 ☆☆☆☆

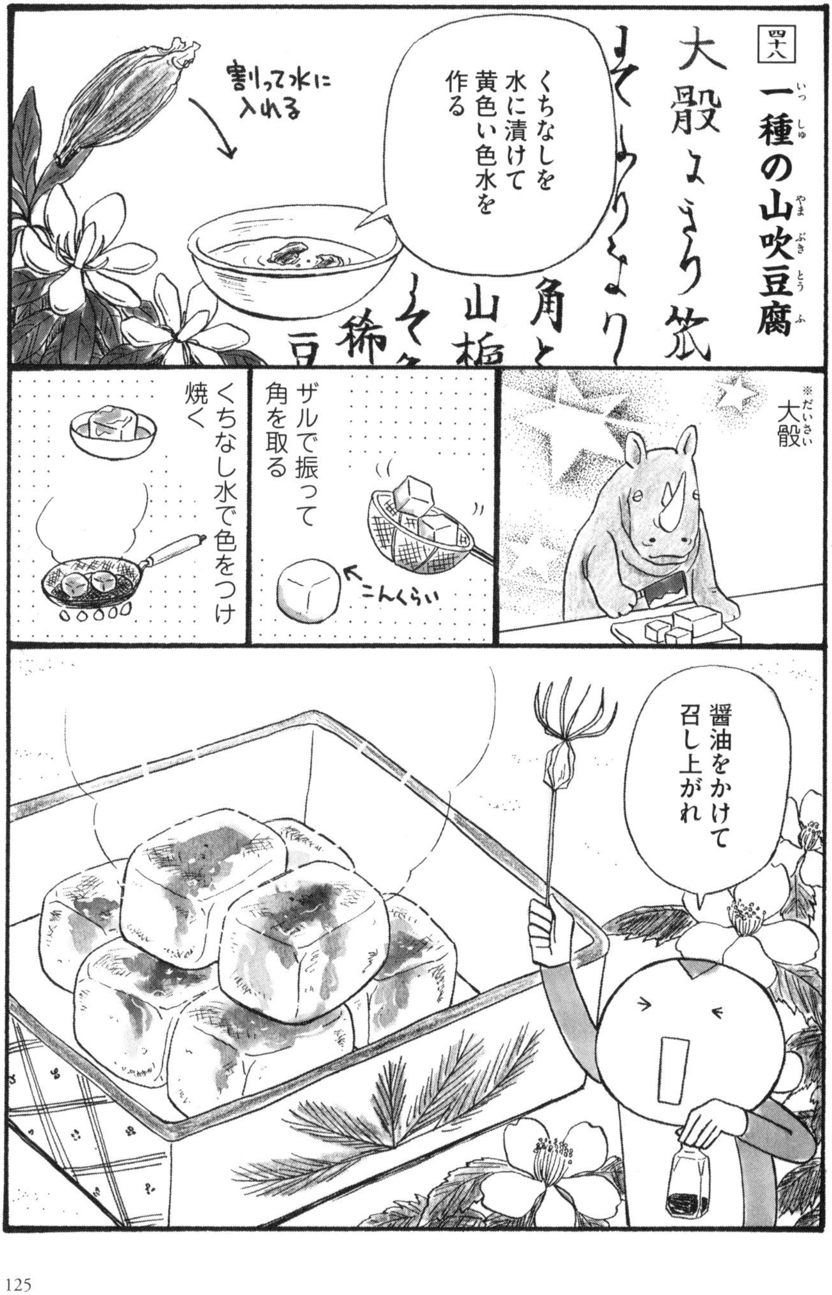

※大きくサイコロ状に切る。

うわ――おいしそう
これは期待大
いたらきます
はむ
む？
鉄棒ってこんなに低かったっけ？
この映画ってこんな話だったっけ？
店長ってこんな顔だっけ？
この豆腐ってこんな味だっけ？
見た目ほどうまくねーんだわ

黄色のマジック！度 ☆☆☆☆

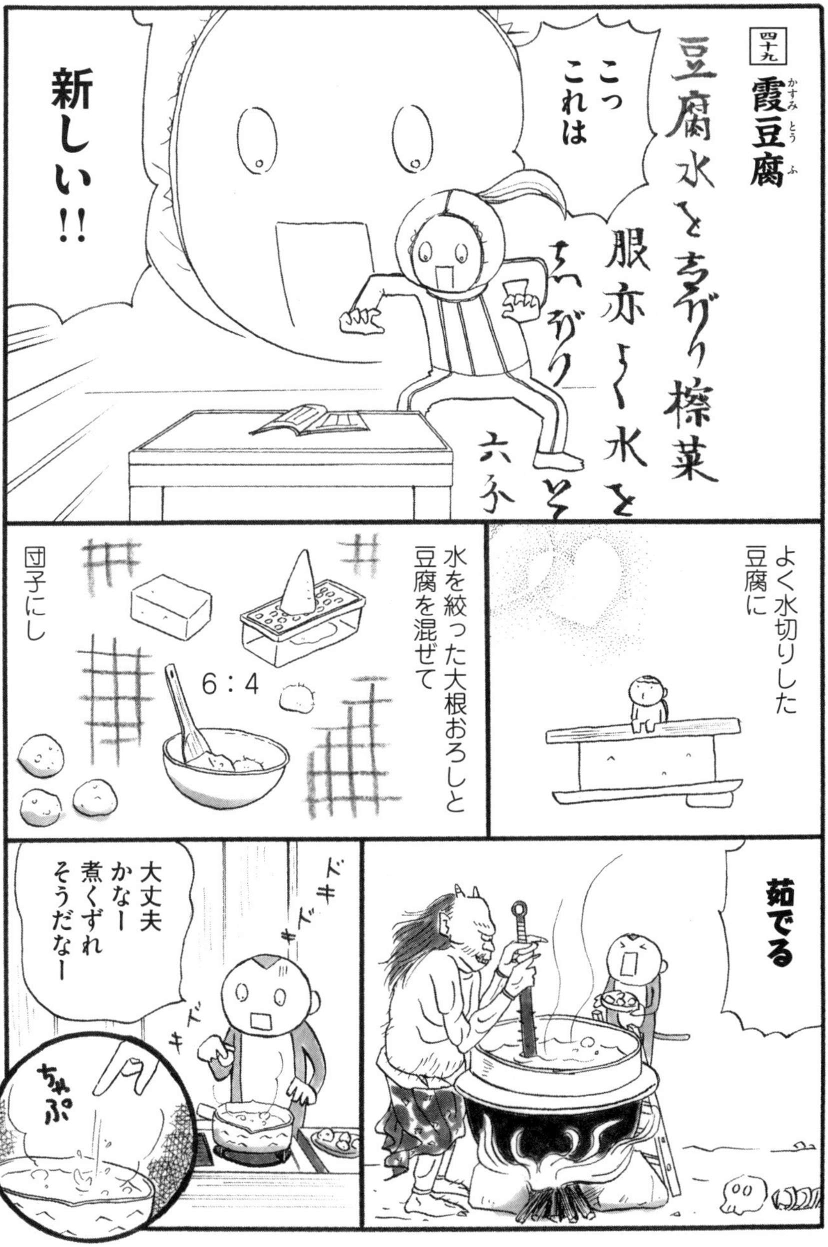
四十九
霞豆腐《かすみとうふ》
豆腐水をしぼり榛菜
服亦よく水を
しぼり
六分
こっ
これは
新しい!!
よく水切りした
豆腐に
水を絞った大根おろしと
豆腐を混ぜて
6：4
団子にし
茹でる
ドキ
ドキ
大丈夫
かなー
煮くずれ
そうだなー
ドキ
ドキ
ちゃぷ

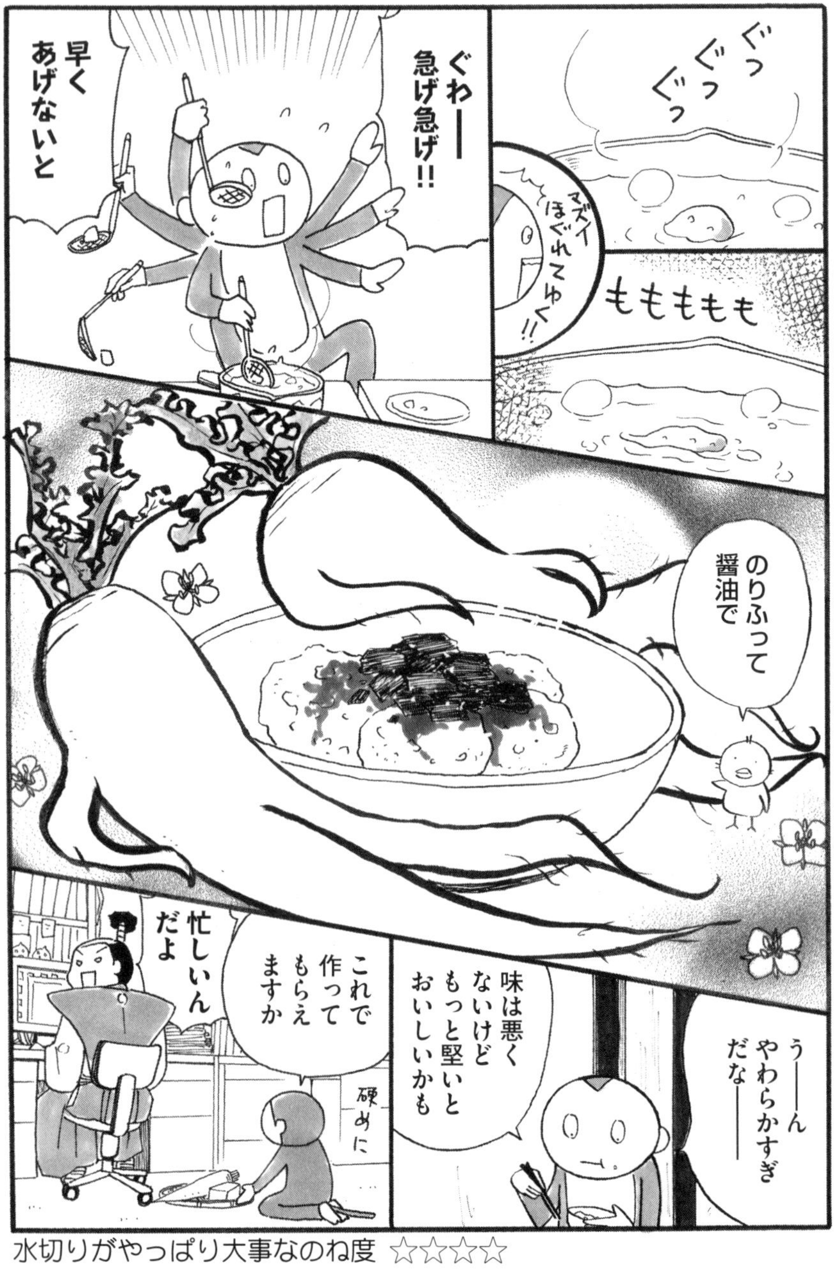

水切りがやっぱり大事なのね度 ☆☆☆☆

五十
西《なん》洋《ばん》田《でん》楽《がく》
その店は路地裏にあった
ガラガラガラガラ
いらっしゃい
どこかで見たような顔だな
こちらにどうぞ
ビールと何かおすすめありますか
西洋田楽いかが？
じゃあそれで
豆腐百珍専門店？
西洋田楽ってどんなの？

麻の実、榧《かや》の実 山椒の3品を よく炒って
油で炒めて 味噌を混ぜます
それを 豆腐田楽に 塗って 焼きます
さあさ お熱い うちにどうぞ
んー うまいね 山椒味噌 油で炒めて あるから 味噌がこってり してる
なんで西洋《なんばん》 なの？
ネギや 唐辛子、 または油を 使った料理を 「南蛮」って いうんですよ
へー おかみ 物知りだねー
やだよ お客さん 歳取ると くだら ない こと ばっかり 覚えてん のよ〜〜〜
けけけ
なかなか 楽しい店で あった
じゃあ次 あら玉豆腐
ふうと

こんな店あったら行きてー！度 ☆☆☆☆

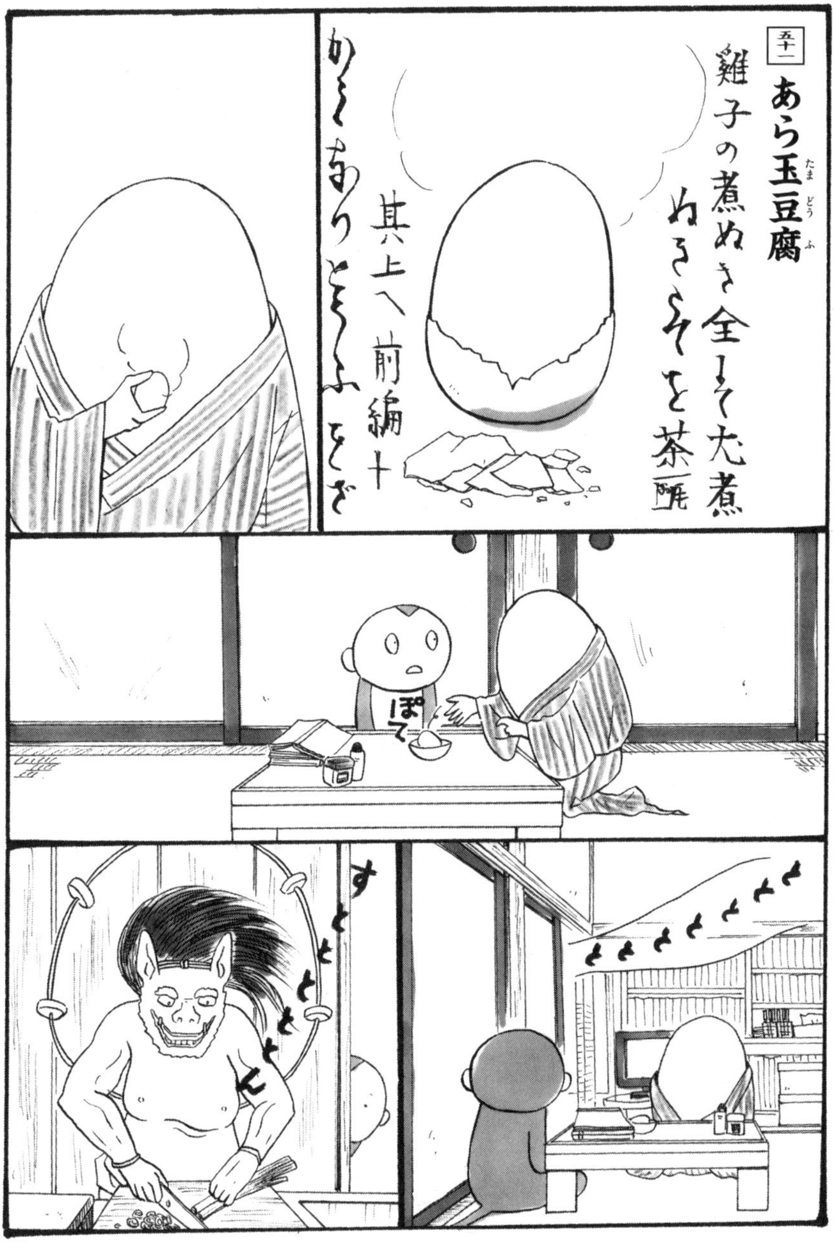

五十二
あら玉豆腐《たまどうふ》
雛子の煮ぬき全して尤煮ぬきをそを茶碗
其上へ前編十
かくあうとうふをそぞ
ぽて
すとととととん
とととととととと

とろーーッ
じゃーー
雷豆腐？

こざるさん、誰かに作って欲しいの？度 ☆☆☆☆

※Webのコミックエッセイマガジンでの連載時。ござるさんは早いのでそれで間に合いましたが、他の著者様方は参考にしないでください。

わーい
早速洗濯しよっと
豆腐だ
さっきの土鍋を火にかけフツフツしたら止める
おぼろ豆腐を作るのよ
カチ
フタをして放置
次そばがき
めんつゆを薄めたかけつゆ150㎖
沸騰したらそば粉を少しずつ入れ練る
あ、わりとすぐにネトネトに
器に盛って
さっきのおぼろ豆腐を醤油で煮て
そばがきにかける

ネギを散らして完成
そこへ店長現る
弁当取りに来たよ
でけたて.
ちょうどよかった
これ食べて
何?
ぱく
うーむ
むぐむぐ
上のやつおいしいね
上はおぼろ豆腐だよ
あ——うまいよね
下のネトネトは?
そばがき
あーそばがきか
オレあんまり食ったことねえな
里イモって言われたらうまい気がするかも
じゃあ里イモ
それは里イモです
残ったおぼろをにゅうめんに乗せたらうまかったっす

店長! なんでもその方法でおいしいと言える気がする! 度 ☆☆☆☆

五十三 一《いっ》種《しゅ》の今出川《いまでがわ》豆腐《とうふ》

こざるは誉めて伸びる子！度 ☆☆☆☆

※慈姑（くわい）もあったら入れよう!!

五十四
加料黄檗豆腐《かやくおうばくとうふ》
木耳
長芋
銀杏
みけこが拾ってきた
揚げこんにゃく
麩の細切り
胡桃《くるみ》
ささがき牛蒡《ごぼう》
これらを炒めて醤油で味付けします
そこへ堅い豆腐をちぎって入れます
完成！

うまい!!
この具の組み合わせって豆腐百珍で初めて知ったけど
続 四 鍋焼豆腐
三十五 胡桃飛龍頭
なんというか絶妙のバランス
面倒だけどやってみる価値あるよ
十九 飛龍頭
六十八 角飛龍頭
→ 豆腐百珍
美味なので小林様に献上
んっ うまい
これは今までで一番かも
これが一番うまいってことで
もう終わりにしちゃいましょうよ
附録も
たわけ!
やらずぞ

具がいっぱーい度 ☆☆☆☆

奇品

奇品
五十五
小《お》野《の》田《でん》楽《がく》
方よ
條くきりて
稀豆油にて
炙りて黒料酢をふりかくるなり
豆腐を四角柱に切ります
うす醤油でつけ焼き
黒料《くろぐち》酢《す》を作ります
黒胡麻
7
:
昆布
（ふりかけ）
3
黒胡麻と昆布と酢ですり合わせ
ゴリゴリゴリ
山椒をふります
こんな感じ
胡麻と昆布と酢ってどんな味？

ぱく
ドレッシング味
豆腐百珍
続豆腐百珍
合わせて155品目
にして
初めて「洋」な味わい
むう
ば――ん
トトト
トトトト
千切りキャベツに黒料酢をあえてカイワレを散らします
サラダ！
サラダだよ！
江戸時代ってサラダないでしょ
アタシってすごい慧眼よね

やってみて！おいしいよ度 ☆☆☆☆

五十六
煮取田楽《にとりでんがく》
煮取って何？
かつお節を作る時の煮汁を煮詰めた調味料よ
煮トリ
えー そんなの売ってないよ
どうしようかなー
と、ぼやいていたら
小林様から「鰹せんじ」なるものが届いた
現代の煮取じゃ
へー初めて見たよ
あ かつお節の匂い
鰹せんじ
トロッとしてます

この「鰹せんじ」と味噌を合わせて
みそ
鰹せんじ
豆腐に塗って焼きます
かつお風味の味噌田楽です
フツーに美味しい田楽だよ
かつお風味味噌味
しかし、残った「鰹せんじ」何に使ったらええんじゃ
研究の結果
そうか!!
だしの素と同じ使い方でオッケー
煮物、味噌汁、うどん、鍋つゆなんでもいけます

ねえさん、ずるいよ！度 ☆☆☆☆

五十七
岡本豆腐《おかもととうふ》
水切りした木綿豆腐を丸く切ります
柔軟なる豆腐
丸く球状です
丸く
丸く
丸く！
…………
これをフライパンで焼きます
10人分作るなら失敗した時のため20個こしらえる？

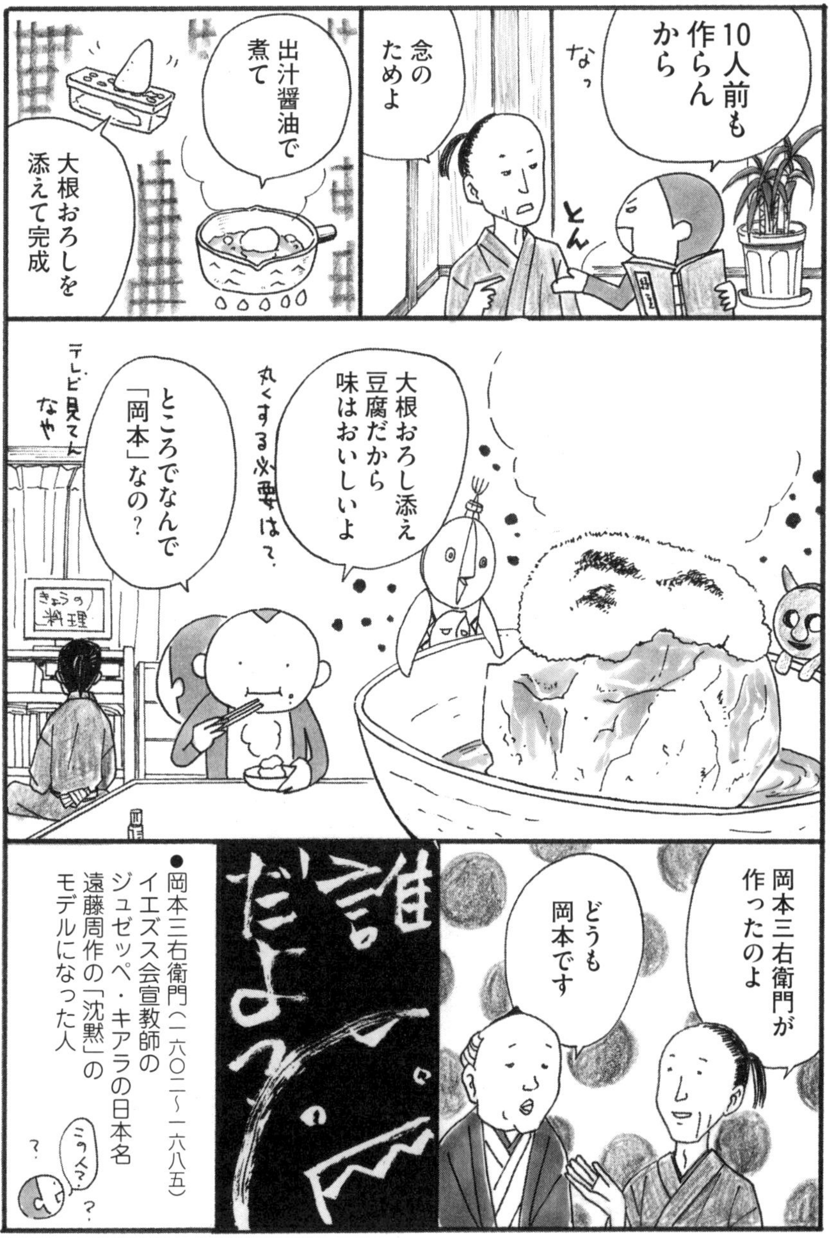
10人前も作らんから
なっ
念のためよ
とん
出汁醤油で煮て
大根おろしを添えて完成
大根おろし添え豆腐だから味はおいしいよ
丸くする必要は
ところでなんで「岡本」なの？
テレビ見てんなや
きょうの料理
岡本三右衛門が作ったのよ
どうも岡本です
誰だよっ
●岡本三右衛門（一六〇二〜一六八五）イエズス会宣教師のジュゼッペ・キアラの日本名
遠藤周作の「沈黙」のモデルになった人
この人？

ヘーヘーヘー度 ☆☆☆☆

五十八
奈良漬豆腐《ならづけとうふ》
酒粕 200g
砂糖 40g
先に奈良漬けの粕床《かすどこ》を作ります
酒粕と砂糖を混ぜてね
堅い時は焼酎を少し入れてゆるめます
手のほうがやりやすいな
ねり ねり ねり
ねり ねり
豆腐をさっと茹でて
水気を絞り
ふきん
豆腐と葛粉を練り合わせます
葛粉

で
ペト
ペト
粕床に穴を開けて
ガーゼを敷いて
穴にさっきの豆腐を埋め込みます
ガーゼで蓋をして粕で埋めます
一晩漬けて完成です
できたかな？
パカ
豆腐を掘り起こして
ぽあ
このまま味見しますね
粕漬けの香り
ぱく

珍味
バタッ
※こざるは苦手なものを食べるとこめかみがミリミリするようです
こめかみがミリミリする※
奈良漬けはすでに奈良時代には作られており江戸時代にはポピュラーな漬け物でありました

おいしくないってことだね！度 ☆☆☆☆

五十九
一種《いっしゅ》の鶏卵《たまご》豆腐《とうふ》
豆腐を※水嚢《すいのう》で漉します
※ザル
これを酒1合と水2合で煮ます
酒180ml 水360ml
よせっ もったいない
わかってる
わかってるよ!!
長時間煮ると豆腐がまとまるそうな
もやもや
本当かしら?
♪~
わいわい

何騒いでんの？モチでも蒔いてんのか？
お前も来いよ
なんだなんだ？
…20分程煮たらなんとなくまとまってきました
これをあみ杓子ですくって
出汁醤油でいただきます
うーむまた得体の知れない離乳食のような
ほのかな酒の香り

いただきます
ずずず
はえ!?
ほえぇ？
またどうせ無理矢理作った変なメニューかと思ったら
そんなにマズくない
七味もっとかけるといいわよ
でもさー わざわざ豆腐漉さなくても良くない？
歯ごたえがなくて物足りないよ
昔は堅い物ばかりだったから
やわらかさは一種の贅沢なのよ

ふわふわなんだよ！度 ☆☆☆☆

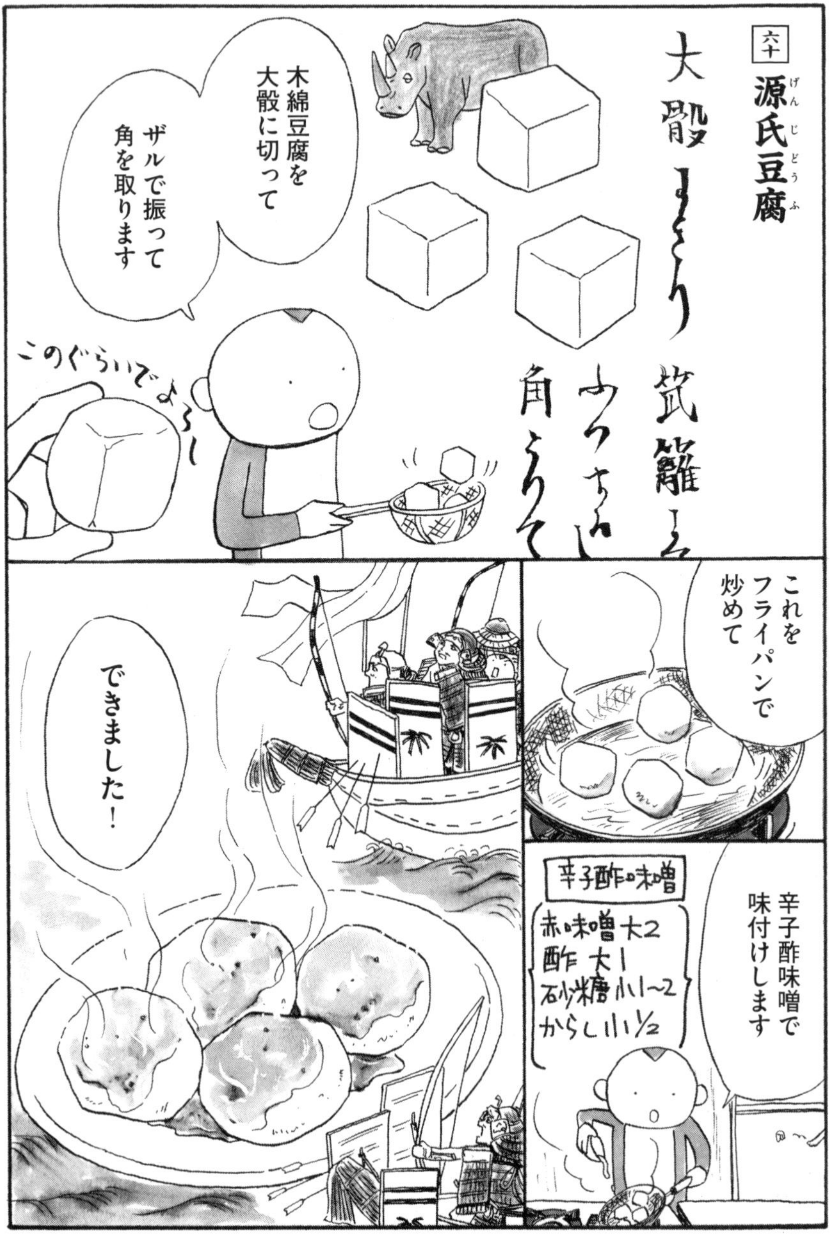

源氏豆腐《げんじどうふ》
木綿豆腐を
大骰に切って
ザルで振って
角を取ります
このぐらいでよろし
これを
フライパンで
炒めて
辛子酢味噌で
味付けします
辛子酢味噌
赤味噌大2
酢 大1
砂糖小1~2
からし小1/2
できました！

む?
酢味噌は好きだけど辛子は入れて欲しくない自分発見!
辛子入れんでくれ〜
ウろこ
でもさーなんで「源氏」なの?
「源氏」白じゃん
なに赤味噌(平家)を喰らってやるくらいのことよ
頼朝
なんで弟(義経)とモメたの?
その話はよそう

色々事情があるんだね! 度 ☆☆☆☆

六十二
女郎花《おみなえし》田楽《でんがく》
水切りした豆腐を胡椒醤油の付け焼きにして田楽を作ります
胡椒醤油ってうまいのね
で「蒸した栗粉をふりかける」だって
ゴソゴソ
栗発見
栗
よくわからんので栗炊いて乗せよう
ピ
できたよ
こちら女郎花田楽です
これ何？

Don't think, feel! 度 ☆☆☆

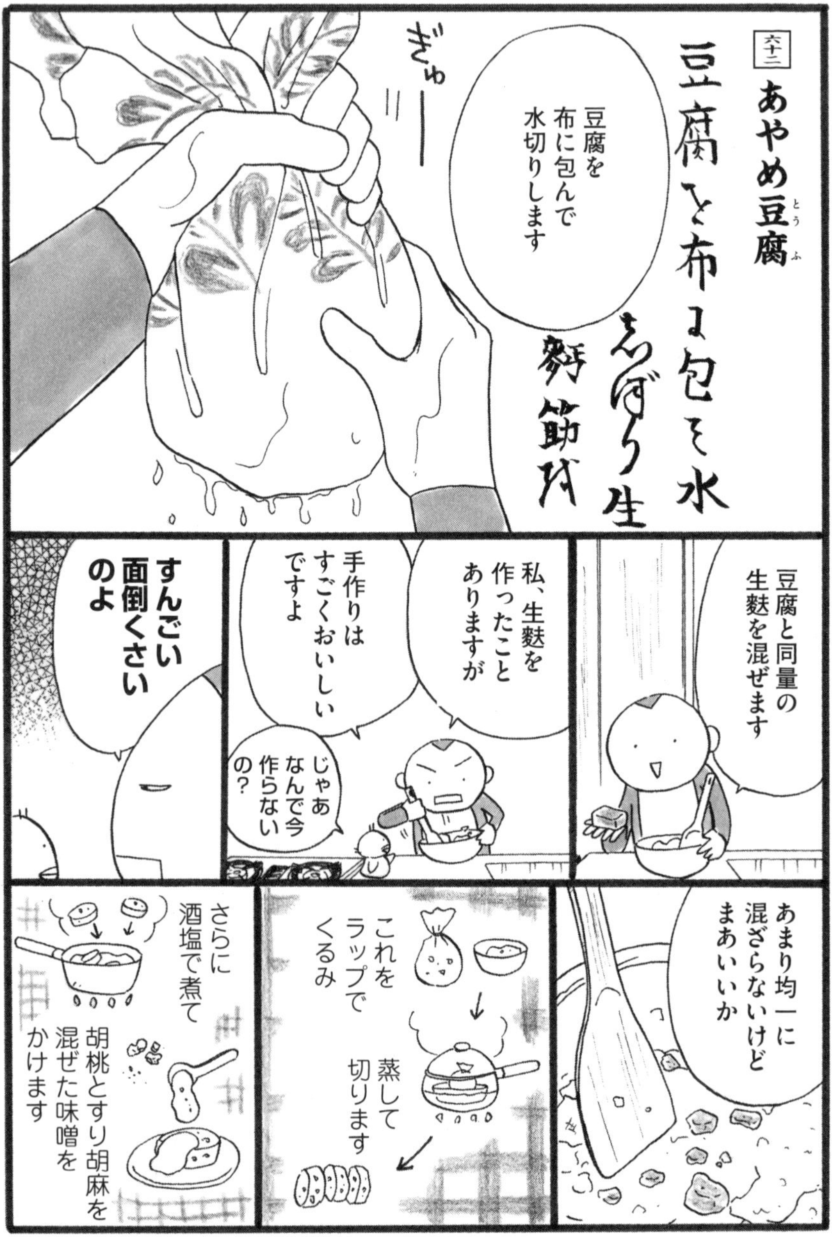
六十二
あやめ豆腐《とうふ》
ぎゅー
豆腐を布に包んで水切りします
豆腐と同量の生麩を混ぜます
私、生麩を作ったことありますが
手作りはすごくおいしいですよ
じゃあなんで今作らないの？
すんごい面倒くさいのよ
あまり均一に混ざらないけどまあいいか
これをラップでくるみ
蒸して切ります
さらに酒塩で煮て
胡桃とすり胡麻を混ぜた味噌をかけます

生麩やばいよやばいよ度 ☆☆☆

六十三
紅豆腐《べにとうふ》
其製一家秘として世よ傳へず
その製
一家の秘にして
世に伝えず
なぬう!?
秘伝かよ
オホホ
ぬう
「秘伝ゆえ作り方ヒミツ」とは
すげえ料理本だ
現代の料理本に
ありえない技だ
何必醇め
やりおる
小林家
下屋敷
紅豆腐は
秘伝にて
その製法は
杳《よう》として
知れず

されど
これを
ご覧あれ
阿波紅豆腐
豆腐
紅
豆腐を秘伝の漬け汁に
浸し、熟成させた
発酵食品である
つまりネットで
買ってきたから
一緒に食べようって
ことか
いかにも
やむなし
こくり
豆腐百珍（前巻を含み）
163品目にして
初の買い食い！
のわー
濃厚な
酒の香り
甘く危険な
香り

あむ
ぱくり
もわ〜〜
むはっ
むせかえるような
酒気
チーズ
酒味のクリームチーズだ
麹がタンパク質に魔法をかけてる
これはリッツ
リッツに合うわ
さあどうぞ
よし
リッツパーティーだ
数日後
あれ？

※紅色のこと。

現代訳版の「豆腐百珍」に紅豆腐の作り方が載ってる!!
原本現代訳 豆腐百珍
知らなかった
「マサキノカズラの高く伸びて細くなったのを石蓮蓬《いしれんぽう》と呼び、その汁を取って※胭脂《えんジ》を加えれば紅豆腐となる」
（現代版「豆腐百珍」可必醇原著 福田浩訳／教育社より）
マサキノカズラとはテイカカズラのことらしい
時々赤い葉が混ざるのでこの「紅」を混ぜろってことみたい
常緑で落葉前に赤くなるそうです
対するこちらの紅豆腐は
アルコール、米麹 紅麹、食塩で漬けたもので
どちらかというと次の次の 六十五 豆腐じいと同じものみたいです
紅豆腐
ややこしくてごめんね

現代のレシピ本に「作り方内緒！」って書いてあったら驚くね度 ☆☆☆

ちょっとの違いに気づいて欲しいの度 ☆☆☆

六十五
豆腐《とうふ》じい
木綿豆腐を押し豆腐状になるまでよーく水切りして
中骰に切って塩をふります
塩多め
白酒に麹を入れとありますが
ごめん近所になかったの
どぶろくと塩麹で代用します
※紅麹があれば入れますが
とろとろ～
ないので省略
酒と塩麹半々で
この酒に塩した豆腐を漬けますそして冷蔵庫へ
20日漬けろってあるけど不安なので1週間ぐらいで味見するね
ついでに豆腐の塩麹漬けも仕込んだよ

※蜜柑の一種。

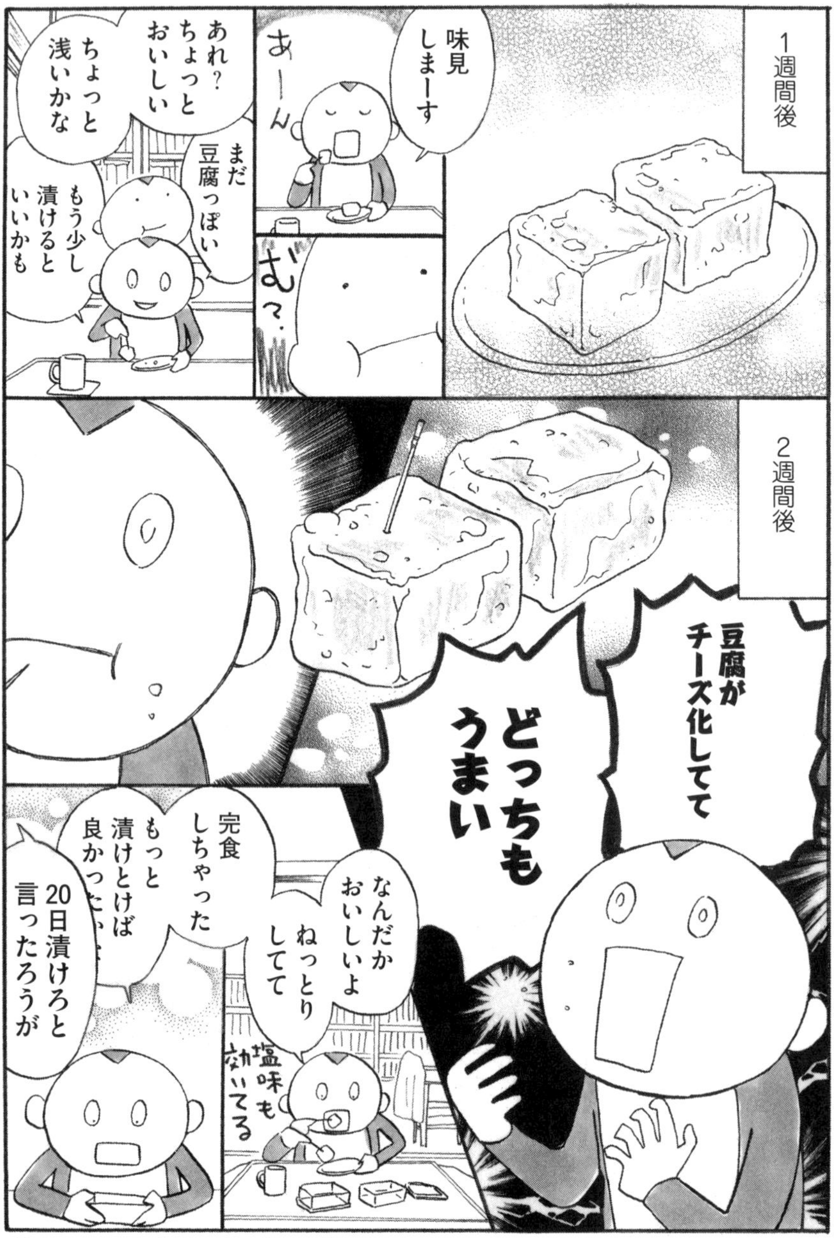

1週間後
味見しまーす
あーん
むっ
あれ？ちょっとおいしい
ちょっと浅いかな
まだ豆腐っぽい
もう少し漬けるといいかも
2週間後
豆腐がチーズ化してて
どっちもうまい
なんだかおいしいよ
ねっとりしてて
塩味も効いてる
完食しちゃった
もっと漬けとけば良かった
20日漬けろと言ったろうが

麹ってスゴイわ！度 ☆☆☆

六十六
同《おな》じく豆腐《とうふ》じい
え!?
豆腐じい？
いかにも
アンタせっかちでいかんよ
じっくり漬けんと
ワシが手本を見せよう
まず押し豆腐を大骰に切って塩をまぶす
前回と同じっすね
豆腐十丁に塩三、四合じゃ
分量が非現実的なんだよ

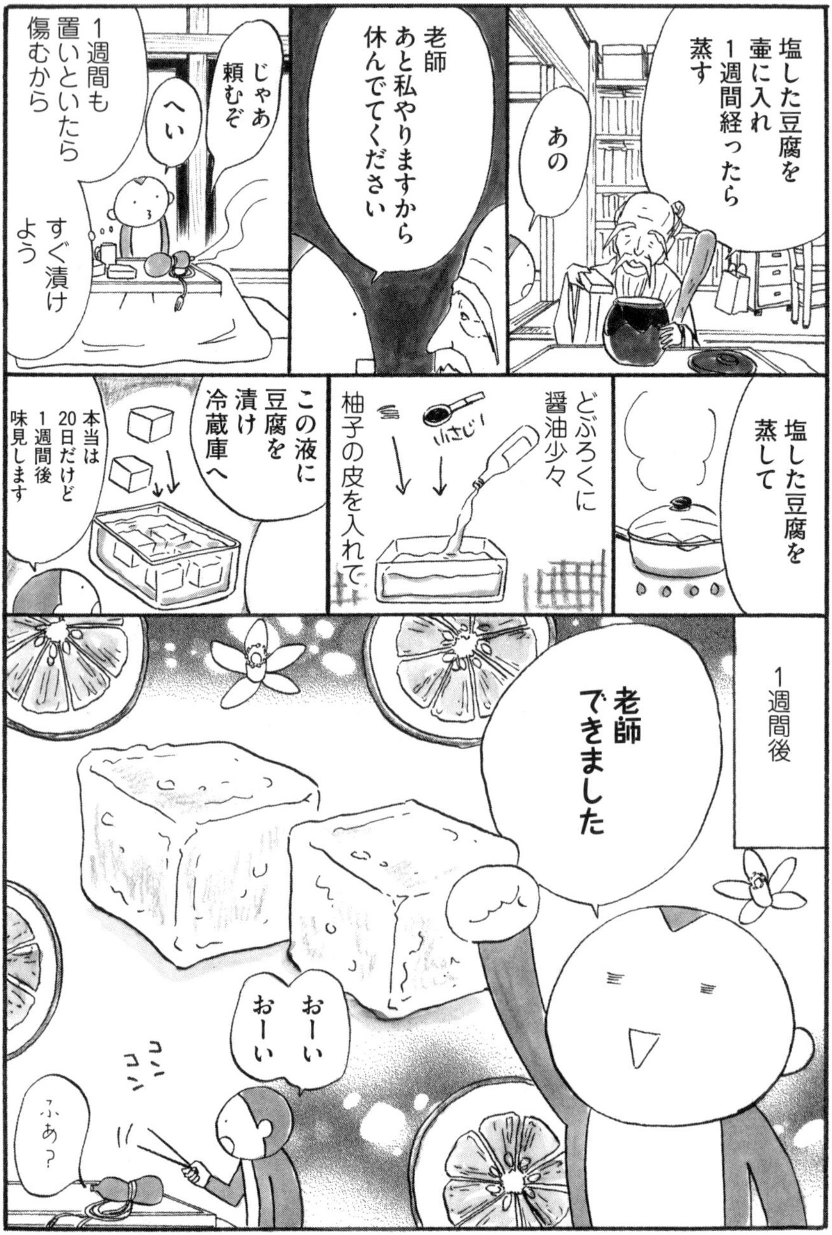

塩した豆腐を
壷に入れ
1週間経ったら
蒸す
あの
老師
あと私やりますから
休んでてください
じゃあ
頼むぞ
へい
1週間も
置いといたら
傷むから
すぐ漬け
よう
塩した豆腐を
蒸して
どぶろくに
醤油少々
小さじ1
柚子の皮を入れて
この液に
豆腐を
漬け
冷蔵庫へ
本当は
20日だけど
1週間後
味見します
1週間後
老師
できました
おーい
おーい
コン
コン
ふあ?

できましたよ
あ、そう早いね
お酒の匂い
あむ
あむ
あれ？
どーせマズイと思ってたら
やだっ 意外とおいしい!!
なんだどーせってのは
お酒味の豆腐なんだけどややチーズっぽくて
柚子が効いてるの
初めての味!!
思い知ったか
次も豆腐じいじゃ
もういいよ

豆腐じい……誰？度 ☆☆☆☆

六十七 同《おな》じく豆腐《とうふ》じい
前回同様 大骰に切って塩ふった豆腐を蒸します
酒粕に酒と醤油を入れてよく混ぜる
酒粕
酒
しょうゆ
こんくらい？
うむ
この粕床に蒸した豆腐を漬けて
冬に仕込んで土中に埋めておけば
夏まで保存できるぞ
地面ないんですよ

というわけで
タッパーで漬けて冷蔵庫へ
水が溜まるので時々捨てます
1カ月後
忘れてて1カ月経っちゃった
大丈夫かな？
モウマンタイよ夏まで平気だから
ぱく
紅豆腐なみにクリームチーズ化してる
麹ってスゴイ
たくさん作って夏まで保存しなさいよ
ぎゃーー
高級チーズみたい

まさかの三連続豆腐じい。これにておしまい度 ☆☆☆☆☆

六十八
小倉田楽《おぐらでんがく》
豆腐百珍 六十六 小倉とうふは 豆腐にのりを 混ぜたけど
厚揚げの 片面をそぐよ
こっちは 揚げ豆腐に 小豆乗せ だって ややこしい
ゆで小豆を 乗っけて
醤油の 付け焼きに します
豆オン豆の お味は いかに?
む
む
まずくは ないけど
なんだろ?
意外と フツー

これがホントのあずきバー度 ☆☆☆

六十九
千歳豆腐《ちとせとうふ》
豆腐をこの形に切ります
これを湯煮して
青のりを入れた味噌青味噌と
これにうどをすってかけろって
あなたはウドをすったことがありますか?
いいえありません
すりすり
ウドー音楽事務所
あちゃー色変わっちゃった
酢水に漬けてからすると変色しないよ

できました♡
いただきます
うーん
もぐもぐ
ウドの青っぽさが
斬新と言えば斬新かしら
ウドは日本古来の植物の中で数少ない野菜化されたもののひとつ
江戸時代には京都や江戸で軟化栽培が始まっておりました
「土をかぶせて成長した芽ウドは蔬菜《そさい》として食べる」
(『本朝食鑑』人見必大著 島田勇雄訳より)

Have you ever grated UDO? No,I haven't. 度 ☆☆☆☆☆

（七十）松（まつ）の山（やま）

炙豆腐を径き
寸四五分の平圓よ
さらそ炙き平圓
とい
玉の
形み

焼き豆腐を
平円に切って
焼きます

じゅっ
じゅう

4、5cm

焼けたら
青のり入り
とろろ汁を
かけますぞ

青の
り
多め
で

ざぶり

とろろって
豆腐にも
合うんだね

ん
まーい

少し
山椒ふっても
イケますな

焼き豆腐をさらに焼くんです！度 ☆☆☆☆

さっそく今夜のメニューにいかが？度 ☆☆☆☆

七十二
一種《いっしゅ》の沙金豆腐《しゃきんとうふ》
祇園坊ってなんだ？
干し柿だって
へー豆腐に干し柿混ぜるんだって
よく水切りした木綿豆腐と干し柿を混ぜる
刻み干し柿
豆腐
10 : 1
料理に干し柿使うのって初めて
味が想像できないな
味噌にすりショウガと砂糖を入れ混ぜる
ショウガ
味噌
砂糖
ラップ上に豆腐を敷き
味噌を乗せ
包む
これを15分ほど茹でます
このパターン多いよね

できました 今日は友だちののりさん夫婦が来てるので出してみますね
一種の沙金豆腐お待たせしましたー
何これ？
わーこざるさん作ったの？
豆腐？
中にショウガ入り味噌と豆腐に干し柿混ぜてあるのよ
もくもく
中の味噌うまい
中に何入ってるの？

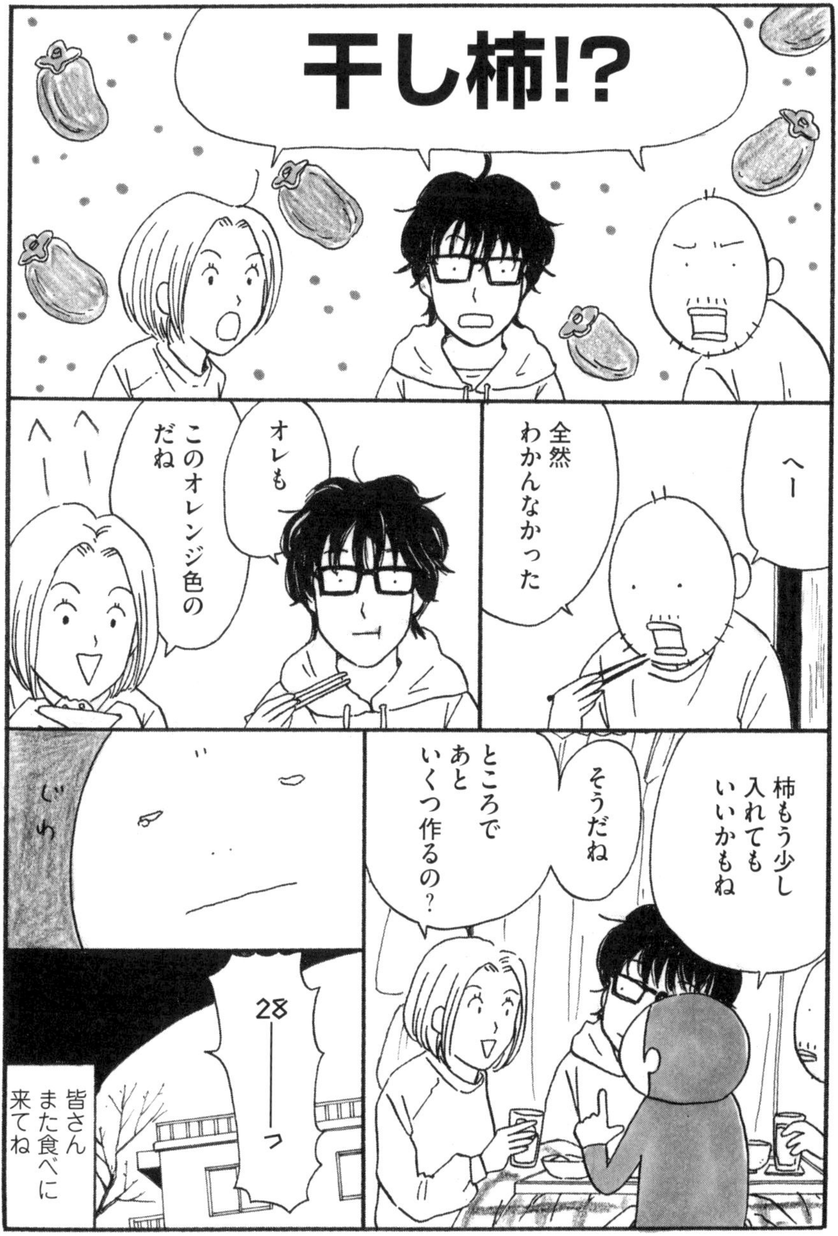

隠し味に干し柿って洒落てるわ！度 ☆☆☆☆

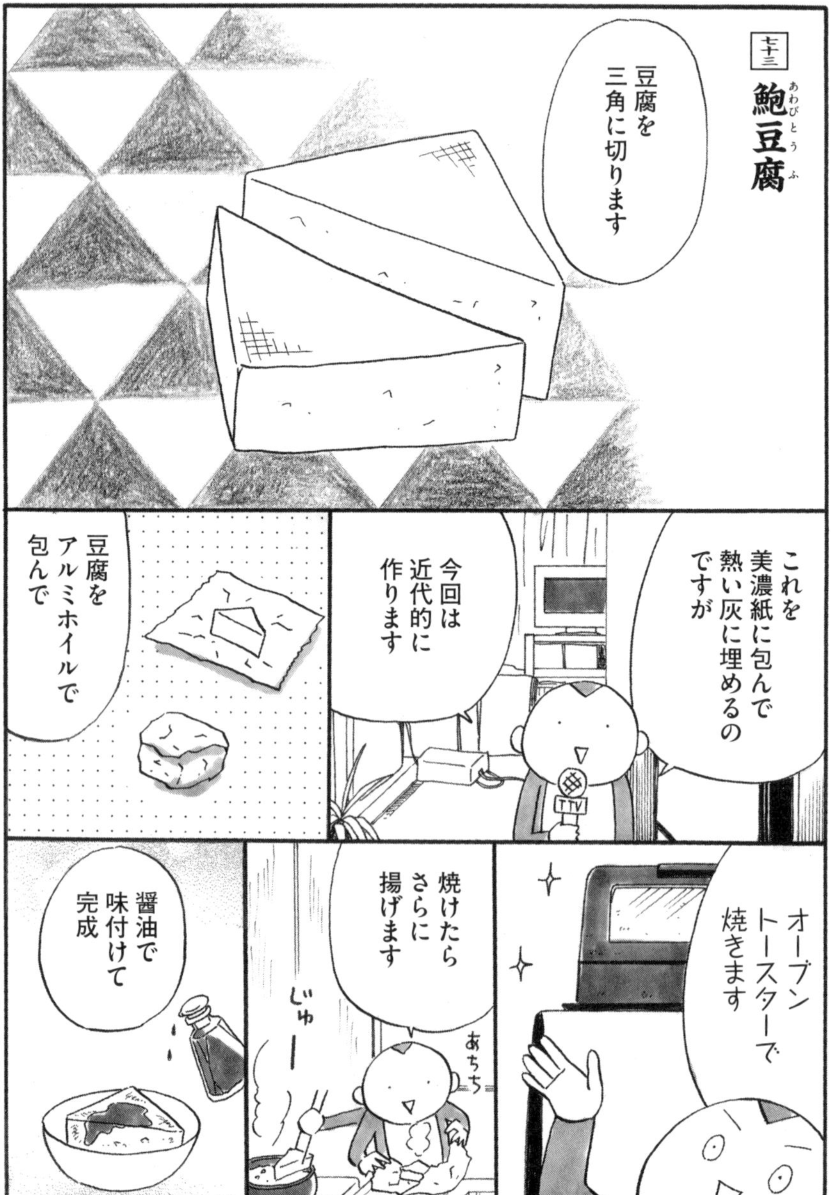
七十三
鮑《あわび》豆腐《とうふ》
豆腐を三角に切ります
これを美濃紙に包んで熱い灰に埋めるのですが
今回は近代的に作ります
豆腐をアルミホイルで包んで
オーブントースターで焼きます
焼けたらさらに揚げます
じゅー
あちち
醤油で味付けて完成

ん
んまひ
焼いてから揚げると水気が少なくて…
厚揚げとはまた違った味わい
小林家下屋敷
いえね なんで鮑なのかと思ったんでございますが
あたしゃ鮑なんて食べたことなくて
どうですひとつ味見させてもらえませんかね
自腹で味見せい
むー

食べないとわかんないもんね！度 ☆☆☆

七十四
紅葉豆腐《もみじとうふ》
豆腐を水切りして
小麦粉とすり合わせます
唐辛子を酒で半日煮てふやかせだって
10分くらいでいいよね
唐辛子を針に切って酒で煮てやわらかくします
この唐辛子と針に切ったショウガを豆腐に混ぜます
四角く整形して揚げます
揚がったら小口切りにして蒸します
※ふくさ味噌を水でゆるめて温めて
豆腐の下に敷きます

※合わせ味噌。

おいしければすべてオッケイ度 ☆☆☆

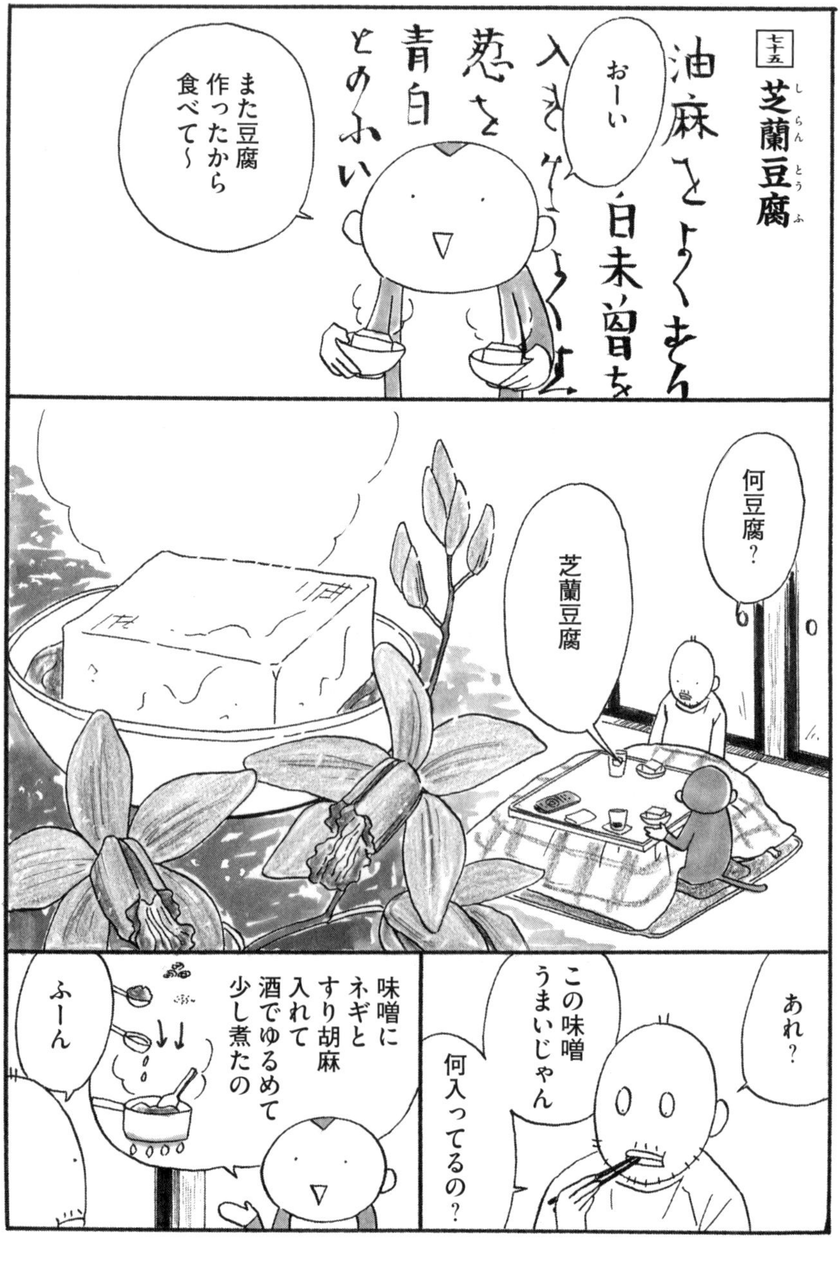
七十五
芝《し》蘭《らん》豆《とう》腐《ふ》
おーい
また豆腐作ったから食べて～
何豆腐？
芝蘭豆腐
あれ？
この味噌うまいじゃん
何入ってるの？
味噌にネギとすり胡麻入れて酒でゆるめて少し煮たの
ふーん

そんで味噌を敷いて温めた豆腐を乗っけたのよ
味噌とネギって合うな
胡麻も良し
お
めずらしく高評価
ところでなんで芝蘭なの？
シラン
シランはラン科の多年草で初夏に赤紫色の花が咲くよ

香りの良さを芝蘭にたとえたんじゃない？度 ☆☆☆

七十六
鰻豆腐《うなぎとうふ》
浅草紫菜を
板よのぐなら上へ
ミニうな丼 作ったの 食べて
珍しいね
ん？
何これ んんん？
白身
白身 じゃね？
ブラックバス とか
うーん？
これ 豆腐なんだけど
鰻より さっぱりしてて 白身っぽいよね
なんだ 豆腐か
どうやって 作ったの？
水切りして 小麦粉混ぜた 豆腐をのりに 塗るの
硬めに

これをゴマ油で揚げて
山椒醤油の付け焼きにしたのよ
さんしょう
皮の代わりののりがにゅるっとして皮っぽいのよ
タレもっと甘辛くすればもっと鰻っぽくなるよ
なるほど
皮（のり）にカリカリしたとことぬるっとしたとこがあって本物っぽいよね
お母さんお弁当に入れてびっくりさせちゃおうぜ
入れんでいいから
精進料理でも定番の鰻豆腐（うなぎもどき）豆腐に山芋を混ぜるレシピなどいろんなアレンジがありました
↑本気の人は形もそれっぽく作る

豆腐は変幻自在！ ぜひ作ってみてね度 ☆☆☆☆☆

七十七
紫《むらさき》とうふ
梅干しに入れた
紫蘇《しそ》を
干したやつを
ミキサーで
細かくくだきます
ガー
これを
水切りした
豆腐に
すり混ぜます
……
紫ならず
黒い
ツブツブ
あと紅を少し
入れるんだって
ばーーん
食用色素
赤
うわー
食紅って
初めて買った
ちびっと
入れるべ

ピンクはトキメキの色よ! by 何必醇 度 ☆☆☆

七十八
菜花飯《なたねめし》
九五 菽乳飯の下にて
くちなしの実をご用意ください
にゃーーん
小骰に切った豆腐をくちなしで染めます
砕いたくちなし
水適量
黄色くなったら
ごはんに混ぜて炊きます
もったいないのでくちなし液で炊いてみるよ
できた——っ 黄色いごはんがオッシャレ〜〜〜

味は普通のごはんです
くちなしって味はないのよ
豆腐入り飯いいいね
そうだ
カレーに合うと思うの
あった
タイカレー
おいしー
タイカレーに合うよ
皆もやってみて!!

黄色 ON 黄色度 ☆☆☆☆

妹のみけ子（ハワイ在住）←
は
太陽の塔ってゴマすり器から
着想を得たのかも
または逆か!?
てなことを考えつつ
マトグロッソの続豆腐百珍を見たら
ギャー
おねいやんも太陽の塔のこと考えてる〜
ハワイにゴマすり器あるの？
あるよ
日本のモノ売ってるお店で買いました
※P.147 岡本豆腐参照

妙品

妙品
七十九
馬鹿煮豆腐《ばかにとうふ》
豆腐1丁を酒2升に漬ける!?
バカにしてんのか——っ
シャレのわかんない子ね
このウサギ小屋に2升の液体が入る入れ物なんかないよ
アマゾンで買えばいいじゃない？
買うか！
1丁漬かればいいよね
これを一晩漬けて明日煮ます

翌日
では
酒がなくなるまで
煮詰めます
ヤチ
煮詰めてる間に
葛あんを作って
おきます
葛
水
醤油
葛あんと
おろしショウガを
置いて完成です
ご注文の
馬鹿煮豆腐
お待たせしました
頼んで
ないけど
コト

むはっ
すごい 酒っぽい
こりゃ 下戸には 無理だね
うまいじゃん あんがおいしいし
数分後
ん!?
冷めると 酒くさいな これ
あったかい うちに 食べちゃいなよ
んー
残した

店長の舌は正直。度 ☆☆☆☆

八十
禅《ぜん》とうふ
炊飯器の底に焼き豆腐を敷きつめて
水で少しゆるめた味噌をかけます
味
水
とろとろ
で、スイッチオン
炊飯
ピッ
半日弱火で煮ろというので炊いた後保温で放置です
※私はちゃんと煮たぞ
6時間後

※豆腐百珍六十三、茶れい菽乳参照。

禅とうふです
また作ったんか
豆腐の味噌煮だよ
ふーんおいしそうじゃん
うまいうまい
前も似たやつあったよね
似たようなやつばっかなのよ耐えてくれ
なんで禅とうふ？
禅宗の一派の曹洞宗で出てくるメニューみたいよ
おいしいでしょ
ええまあ
道元

炊飯器を使いこなすわ！度 ☆☆☆

八十二
合歓《ごうかん》とうふ
鍋用のモチ
木綿豆腐
モチと豆腐をそれぞれ湯煮します
豆腐にモチを乗せ
葛あん しぼりショウガに 花がつお
合歓とうふのできあがりよ

モチと豆腐のマリアージュ？度 ☆☆

八十二
巌石《がんせき》とうふ
コン
てっ
巌石と――うふ
毎日がんばりますな
まあどうぞ
鶏ひき肉に豆腐と葛粉を混ぜて湯がいたの
出汁醤油でどうぞ

うまい うまい
普通に うまいよ
ポン酢も いいよ
イケル イケル
おまけ
片桐石州《かたぎりせきしゅう》侯が この巌石豆腐 好きだったのよ
片桐石州侯 （一六〇五～一六七三） 大和小泉藩の藩主 利休茶湯の研鑽に努め 茶道石州流の創始者。
とっても おいしかった です

鶏（チキン）だけにチキチキマシーン度 ☆☆☆☆

八十三
ナンチン豆腐《とうふ》
葱白を五分ぎりして酒ねりす
豆油の和調し
5分
(1.5cm)
ネギを1.5㎝に切って酒煎りして豆腐をつかみくずして入れます
醤油で味付け
一味唐辛子ふってできあがり
ネギ豆腐炒め
安定したうまさ
※卓袱《しっぽく》料理の一種だって
※卓＝机
袱＝おおい(テーブルクロス)
なんちんとは南京のこと
『料理山海郷』(教育社)原田信男訳
P160より

ネギと豆腐は鉄板の相性ね度 ☆☆☆☆

八十四
織部《おりべ》とうふ
豆腐を円筒状に切ります
これを丸ごとフライパンで焼きます
でかい
焼けたら4つに切って
かつお出汁、醤油、酒、塩で軽く味付けして炊飯器で煮ます
醤油
酒
塩
だし汁
また半日煮ろだって
パン
昔は囲炉裏があったから朝セットして夜食べてたんだろうね
そうよ

ミョウガダケ（ミョウガの若芽）がないので普通のミョウガで代用します
クルミ
わさび
海苔
いたらき
む
ミョウガと胡桃の新食感
しゃっくりコリコリがうまい
なんで「織部」とうふなんすか？
ミョウガダケ
この緑色？
織部焼
ミョウガダケって織部焼きっぽい色じゃん
古田織部

こざるは胡桃が入るとテンション上がる度 ☆☆☆☆

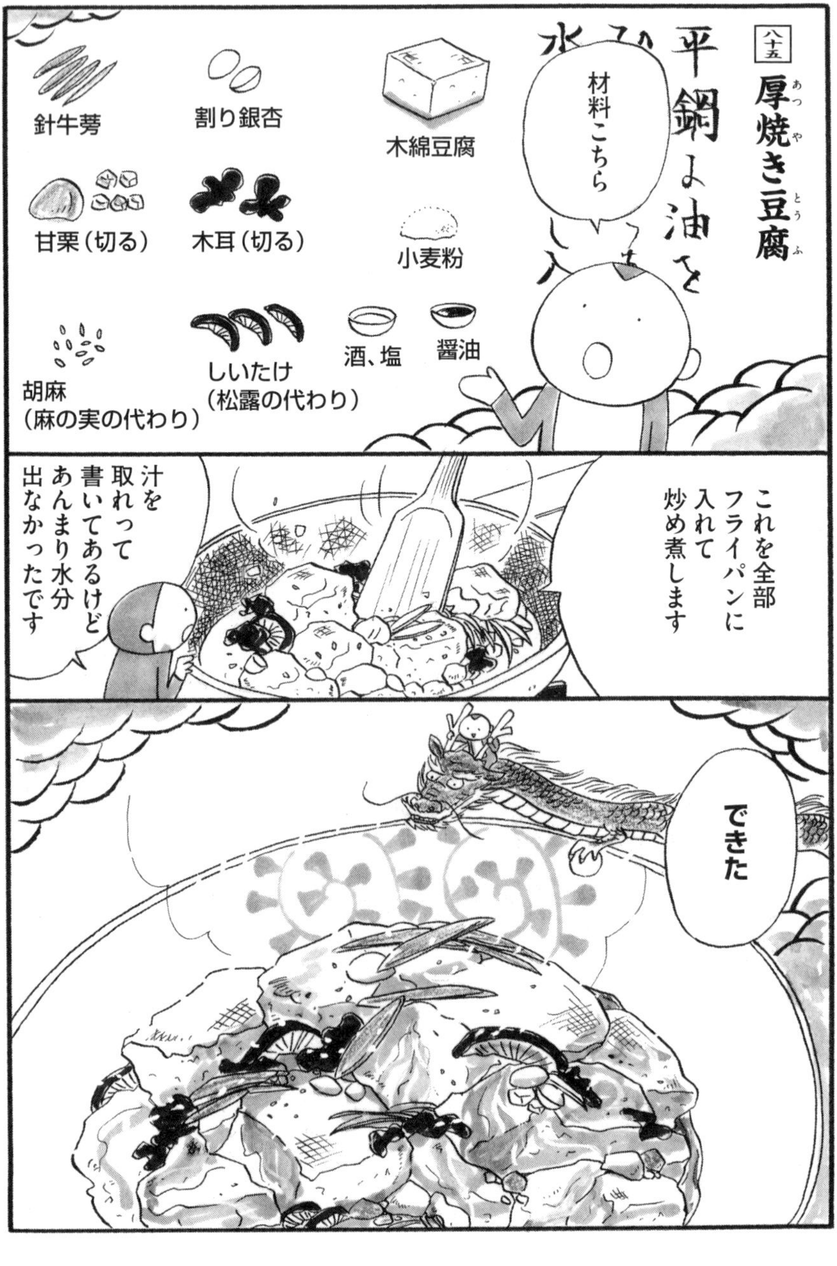
八十五
厚《あつ》焼《や》き豆《とう》腐《ふ》
平鍋よ油を
材料こちら
木綿豆腐
割り銀杏
針牛蒡
小麦粉
木耳（切る）
甘栗（切る）
醤油
酒、塩
しいたけ（松露の代わり）
胡麻（麻の実の代わり）
これを全部フライパンに入れて炒め煮します
汁を取れって書いてあるけどあんまり水分出なかったです
できた

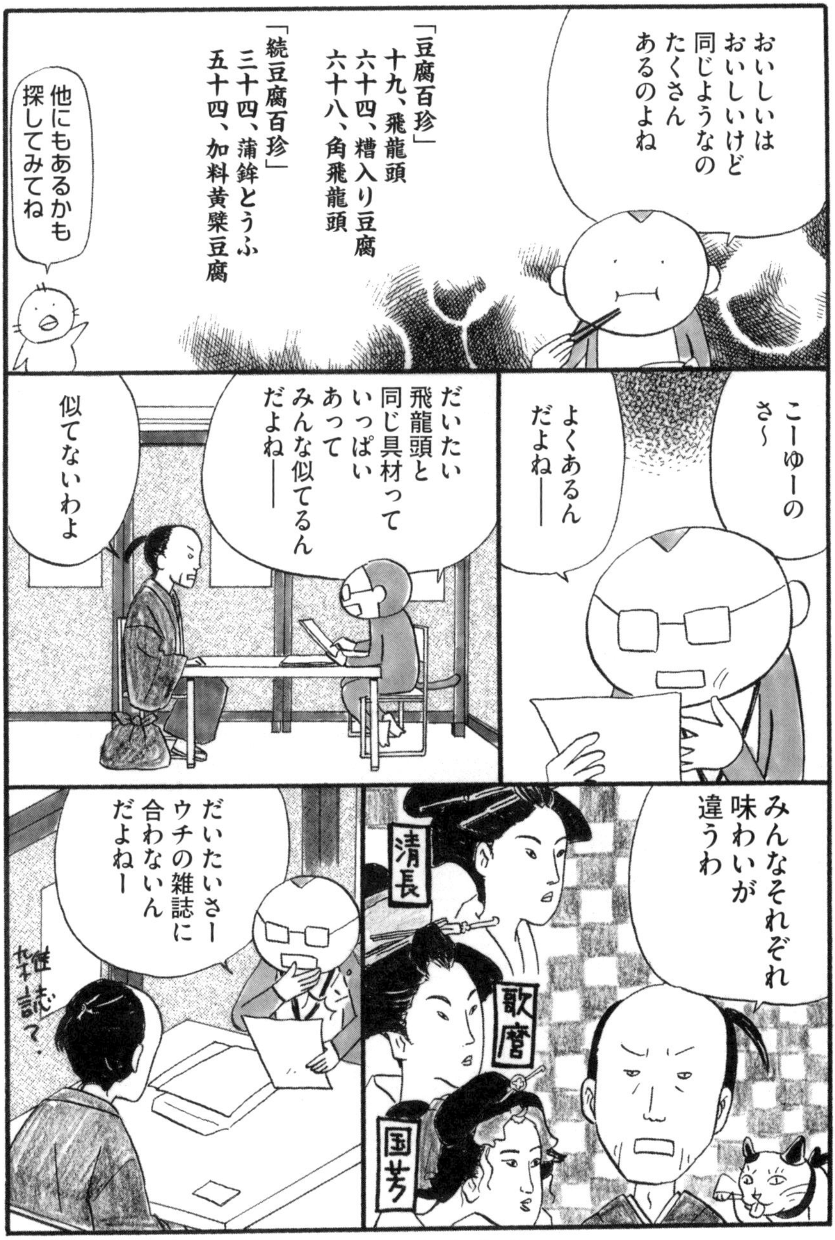
おいしいはおいしいけど同じようなのたくさんあるのよね
「豆腐百珍」
十九、飛龍頭
六十四、糟入り豆腐
六十八、角飛龍頭
「続豆腐百珍」
三十四、蒲鉾とうふ
五十四、加料黄檗豆腐
他にもあるかも探してみてね
こーゆーのさ～
よくあるんだよね――
だいたい飛龍頭と同じ具材っていっぱいあってみんな似てるんだよね――
似てないわよ
みんなそれぞれ味わいが違うわ
清長
歌麿
国芳
だいたいさーウチの雑誌に合わないんだよねー

またいいの出来たら持ち込んで度 ☆☆☆☆

八十六 なら茶豆腐《ちゃとうふ》

できたおぼろを
さっきの玄米に乗せ
ざばっ
蒸した時の
お茶をかけて
大根おろし
ネギ、のり、
一味を乗せて
できあがり
ごはんやわいけど
おぼろ最高
ちょっと
醤油かけると
いいよ

奇跡の大逆転度 ☆☆☆

八十七
豆腐粥《とうふがゆ》
小腹がすいたなー
なんか食べようかな
豆腐を小骰に切り葛湯で煮る
塩で味付け
茹でた小松菜を乗せて
ショウガを絞ります
できた
本日のおやつ豆腐粥

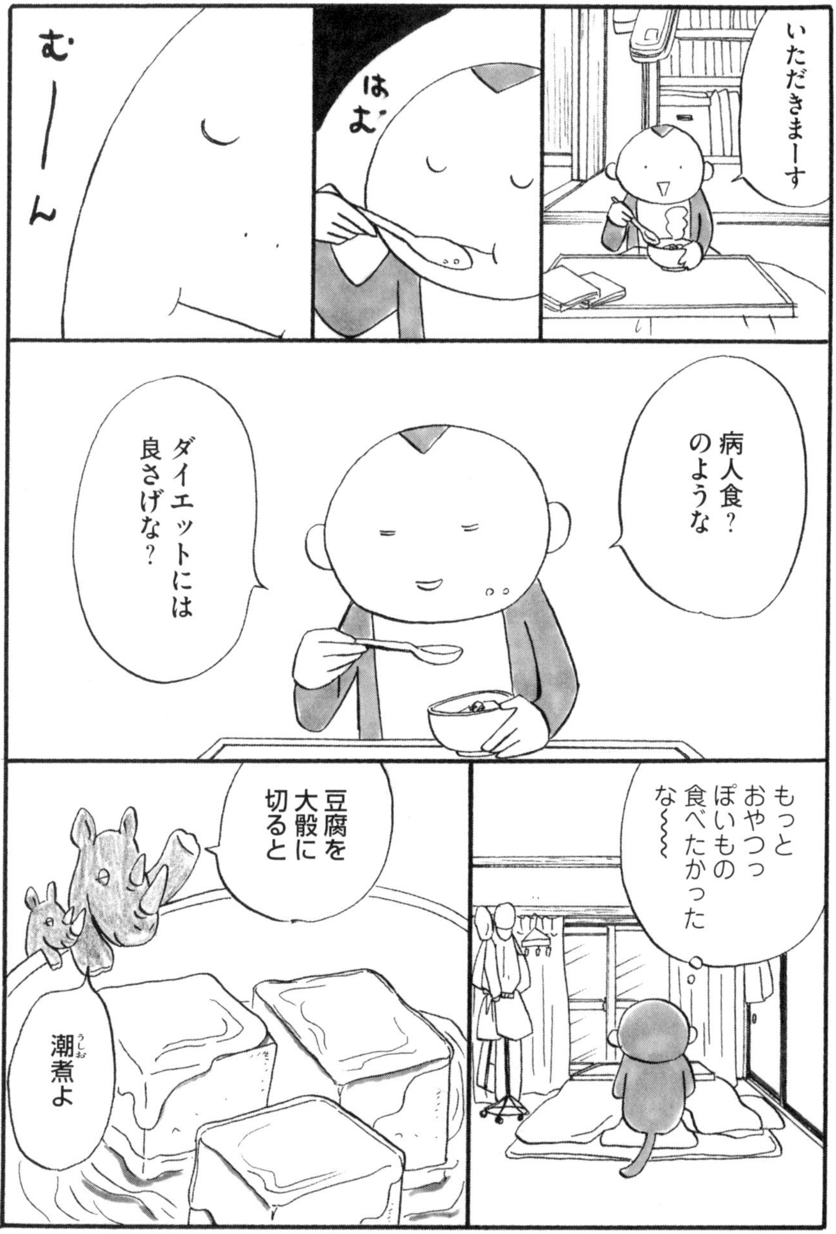
いただきまーす
はむ
むーーん
病人食？のような
ダイエットには良さげな？
もっとおやつっぽいもの食べたかったな〜〜〜
豆腐を大骰に切ると
潮《うしお》煮よ

おやつ豆腐ダイエットで本が出せるかも♡度 ☆☆☆

八十八
天狗豆腐《てんぐとうふ》
鍋を四ツならべて
一の鍋い香油
二の鍋へ
鍋4つ火にかけて4人で並んで作れって
手伝おうか
オラもやるど
でもウチはコンロ二口しかないから
まずゴマ油で揚げて
お湯にくぐらせて
次はお酒を煮立たせて
豆腐入れて
はい
次は醤油煮立たせて
はーい
オラは?
味噌にわさび入れて
すぐ上げていいよ
はいよ
?
ちょっとでいいよ

わさび味噌を敷いた上に豆腐を乗せてできあがり
1個しかねえ
みんなで食べよう
この味噌変な味だな
わさび入ってるからね
ボクは好きだようまいよ
洗い物の多い料理であった

妖怪クッキング！度 ☆☆☆☆

八十九
アンペイ豆腐《とうふ》
おぼろ豆腐を小茶碗へ入れ中へ松露二ッ三ッ包み入れ
おぼろ豆腐を蒸すんだけど
もっとおいしい茶碗蒸し方式でいくね
豆乳200mlににがり10mlを入れよく混ぜます
豆乳
にがり
しいたけを入れる
(松露の代わり)
15分蒸す
めんつゆに水溶き葛で
葛あんを作ります
蒸し上がったら葛あんとわさび乗っけて完成

まるで料亭の味！ コザルシュラン NO.1！度 ☆☆☆☆☆

九十
塩《しお》とうふ
九十六 三清とうふの下み見へたり
大根おろします
大根のしぼり汁と同量の水を合わせて火にかけます
ぎゅー
塩少々
大根汁
水
ここへ大骰に切った豆腐を入れて
少し煮ます
器によそって大根のしぼり汁をかけて完成です

「もったいない」は大切な調味料度 ☆☆☆☆

九十一 東雲田楽《しののめでんがく》

雅度 ☆☆☆

九十二
出世田楽《しゅっせでんがく》
「宿砂の粉を入れる」？
宿砂《しゅくしゃ》ってなんだ？
宿砂とは
ショウガ科の多年草
別名砂仁《しゃにん》
種子を乾燥したものは
漢方薬の原料となる
消化不良、下痢などに効く
カルダモンの仲間
カルダモーン!?
しかもシナモンも使うって
江戸時代にその手のスパイスってもうあったのね
ちなみにシナモンはセイロンニッケイという木が原料
東南アジアに自生
ニッキはシナニッケイが原料
日本にも自生

漢方薬ってわけにいかないから仲間のカルダモンにしよう
しかし
豆腐屋さんって宿砂入り豆腐って作ってくれますかね
分量は豆腐一箱に宿砂37.5gです
ダメだろ
じゃあカルダモンで
やってみよう
B&B カルダモン
CARDAMON
水切りした豆腐にカルダモンをふり
味噌にシナモンを混ぜ
豆腐につけて焼く
チャイの香り

ワカルヨウナワカラナイヨウナ度 ☆☆☆

九十三 豆腐干《とうふかん》
豆腐を布に包んで
重しを乗せて押し豆腐を作りましょう
煎り酒を作ります
お酒 200ml
梅干し 2ケ
かつおぶし ひとつかみ
材料を鍋に入れ 2/3くらいに煮詰めます
冷めたら完成
白身のお刺身に合うよ
押し豆腐を醤油で炒りつけ
油で揚げて
仕上げに
醤油少々

わさびを入れた煎り酒につけて食べます
あら
煎り酒と合うわ
すっぱ
旨い
わさび入れないほうが好きだわ
煎り酒の使い方
焼ささみや焼鳥に
おひたし
オニオンスライス
わりとなんでも合うよ
京都黄檗山万福寺の「豆腐羹《かん》」は陰元禅師が中国風の堅豆腐の作り方を伝えたものと言われています
(日本豆腐協会HPより)
豆腐百珍四十番、一種の黄檗豆腐とほぼ同じですね
そうだね
タレが違うのよタレが

煎り酒って万能よ！度 ☆☆☆☆

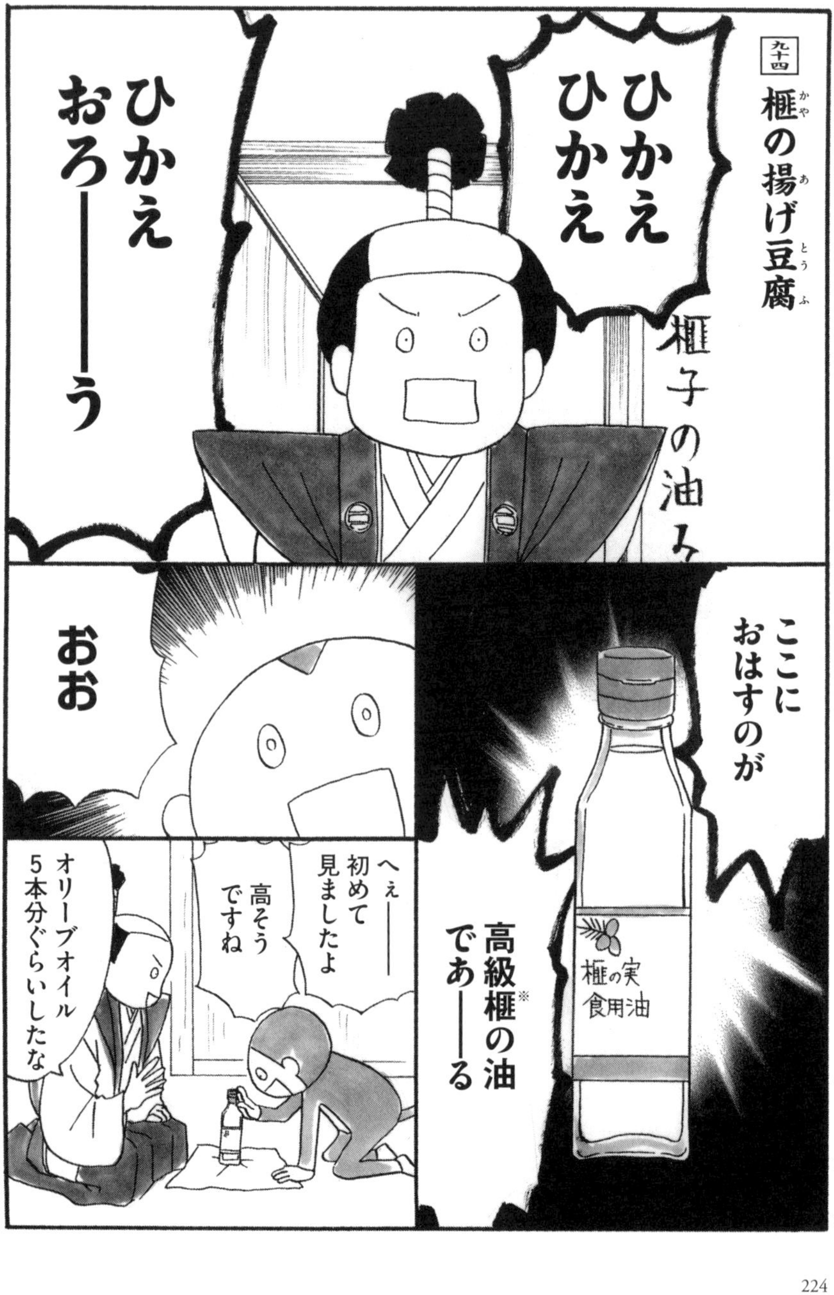
九十四
榧《かや》の揚《あ》げ豆腐《とうふ》
ひかえ ひかえ
ひかえ おろーーーう
榧子の油
ここに おはすのが
榧の実 食用油
高級榧※の油 であーーる
おお
へぇーー 初めて 見ましたよ
高そう ですね
オリーブオイル 5本分ぐらいしたな

※榧の実から取れる油。

これで豆腐を
揚げたらば
さぞかし美味
でしょうな
ホホホ
即刻揚げて
みぃ
わくわく
どきどき
じゅーじゅー
いただき
まふっ
うまそ——

はぐ
榧の油って風味はそれほどないんですね
揚げ豆腐としてはうまいけどな
後日
近所の榧の木に報告
油食べたよ
カラッと揚がってサッパリしてたよ
そういえば長年見てるけどこの榧って実がならないな
この時花がいっぱい咲いてた
そっか榧って雌雄異株か
君はオスか!

自然の恵みにありがとう度 ☆☆☆☆

食紅余った
食用色素
赤
使い途が
全く思い浮かばない
タンドリー
チキン？
これを使い切るために何十回タンドリーチキン作ったらいいんでしょうか…？
その他クッキーアイスなどのお菓子類桜餅桜でんぶなどに使えるそうです
たぶんどれも作らないと思う
欲しい人メール下さい!!
（マジで）

『豆腐百珍』『続豆腐百珍』と200品作って
気に入って普段作るようになったのは
なんといっても一番は
絹ごし豆腐
サイコー
百珍30と続百珍の89アンペイ
田楽
西の方では一般的みたいですが北関東っ子の私にはなじみがありませんでした
田楽のスバラシさを知りました
味噌漬
百珍73
ちょっと面倒ですが味が好き
ワインに合うよ
青海豆腐
百珍41
小林様イチ押し
青のりいっぱいかける
めんつゆで煮てあんかけにすれば簡単
豆乳
豆乳200mlににがり10mlを混ぜて蒸すだけ
カンタン
電子レンジがあれば数分チンするだけでできますよ（たぶん）

絶品

絶品
九十五 豆腐飯《とうふめし》
いよいよ絶品です
いりふつ飯少強くあらくうそ炊き
ごはん炊いておきます
ピ
続百珍
絶品
豆腐を細長く切って
ごはんに乗せて蒸します
麦飯の出汁汁って一般的に醤油ですが
現代版の※豆腐百珍によると
『豆腐百珍』福田浩 訳 教育社
①鍋に味噌を塗り付け焦がし
←
②醤油と水を加えて煮立てる
味噌醤油味ですね

大根おろし
一味
ネギ
のり
柚子の皮
麦飯の出汁汁
大根おろしに味噌味が合うね
豆腐丼って感じ
はっ
ごはんに豆腐と大根おろしを乗せて
醤油とかポン酢とか好きなタレかけるだけで
薬味はお好みで
カンタン豆腐飯
1人暮らしの学生さんにオススメ

安くてヘルシー！やってみて度 ☆☆☆

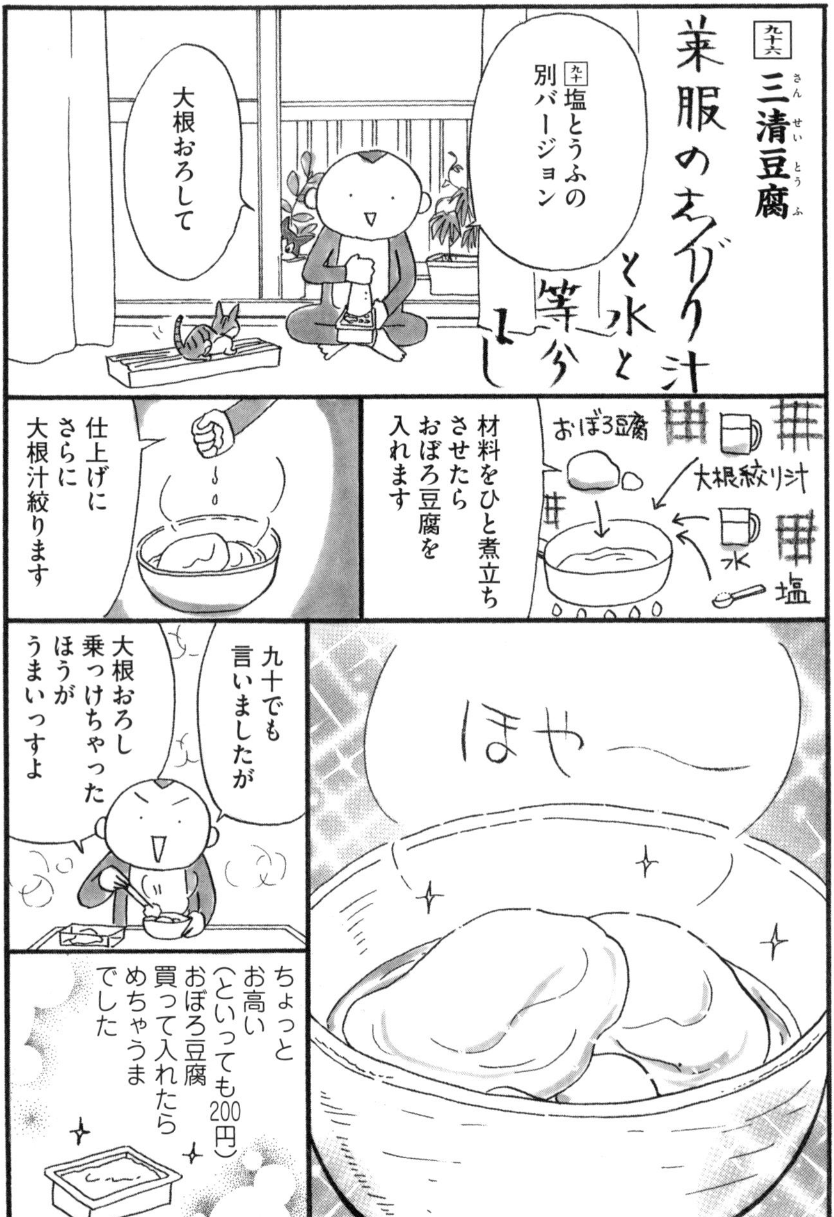
九十六 三清豆腐《さんせいとうふ》
莱服のしぼり汁と水と等分よし
九十 塩とうふの別バージョン
大根おろして
大根絞り汁
水
塩
おぼろ豆腐
材料をひと煮立ちさせたらおぼろ豆腐を入れます
仕上げにさらに大根汁絞ります
ほや〜
九十でも言いましたが
大根おろし乗っけちゃったほうがうまいっすよ
ちょっとお高い（といっても200円）おぼろ豆腐買って入れたらめちゃうまでした

もう大根おろしは乗っけちゃう方向で度 ☆☆☆☆

九十七
雲《くも》井《い》とうふ
鯛のお刺身をご用意ください
お刺身にさっと熱湯をかけて
豆腐を軽く焼いて
鯛に添えて煮返した醤油をかける
雲井とうふです

佳境に入ってきましたよ！度 ☆☆☆☆

九十八
角《かく》おぼろ
天皇様の御膳のものなり料理家の秘伝にて世に伝えず
なぬう
そんなんありかーーーっ
バン
いやあね大きい声出さないでよ
数合わせに入れてんじゃないよ
こういうのもミステリアスでいいじゃない
わからんと気になるな
四角く切ったおぼろ豆腐か？
?

天皇の料理番なら知ってるかなぁ度 ☆☆☆☆

九十九
掬水豆腐《きくみとうふ》
豆腐二挺よ生鰹脯の
かつおを蒸して作るなまり節を使います
江戸時代にはすでに製造販売しておりました
鍋底に薄切りのなまり節を敷きつめて
豆腐を乗せて水を少し入れて
また半日も煮るのかよ
長いんじゃ
料理人の義弟が言っていた
長時間煮るとうまいというのは幻想です
義弟
煮過ぎると堅くなるで
みけ子(妹)
時々水を足して煮ること3時間
このへんでお許しを

仕上げになまり節を取り出し
塩味の葛あんであんかけにします
ネギ乗せて完成
九十九です
どうぞ
たん
何これ
なまり節で煮たあんかけ豆腐よ
ふーん
もそもそ
もくもく
生臭くてうまくねえ
へんな味
店長もう食べなくていいよ
残ったなまり節にマヨネーズつけるとうまいよ
ホントだ
次ラスト

絶品なのに生臭いってどういうこと？度 ☆☆☆☆

百
紅ハンペン
薯蕷
とうとう
とうとう
着いたよ
※二百珍
※前回の百珍含めて。
続百珍
最後は
パタ
何かな?
紅ハンペン
豆腐の水を
よく絞る
ふきん
ぎゅー
豆腐と
すった
山芋を
混ぜる
そこへ
葛粉を入れて
混ぜる

ここへ「古渡りの生燕脂《しょうえんじ》」を入れるんだって
生燕脂とは
江戸時代に中国から渡来した鮮やかな紅色の染料 絵画の彩色や友禅染 更紗染などに用いる。臙脂《えんじ》。
（デジタル大辞泉より）
しかし入手できなかったので
77 紫豆腐で使った食紅
赤
代わりにこちらを使います
耳かき一杯分ぐらいでほんのりピンク
入れ過ぎ注意です
丸く成形して15分蒸します

できました
続百珍
最後の
紅ハンペンです
なかなか
可愛らしい
ピンク色です
いただきます
早速
お味見
む
やわらか
すぎず
程よい
堅さです
あーん

まあまあです
今までの蒸し物の中ではいい出来です
ちょっと塩ふるといいいかも
あ、うまいうまい
さてさて豆腐百珍続豆腐百珍二百品作って食べた感想は、というと…
豆腐って飽きない!!
これだけ食べてもまた今日も買ってしまう私です

やっぱり豆腐はサイコーの食材です度 ☆☆☆☆☆

※P.70 二十四、卯の花とうふにものってるよ。

あとがき

長かった、本当に長かった 二百珍の旅。
今までの軌跡を まとめてみると

2012年『豆腐百珍百番勝負』に着手
ぼちぼち原稿を描き始める

2013年 イースト・プレスのウェブサイト
「マトグロッソ」にて 隔週連載 開始

2014年 5月 単行本『豆腐百珍百番勝負』発売

同年 6月『続 豆腐百珍百番勝負』
マトグロッソにて 連載開始

2016年 12月 連載終了
ラストスパートに入る

2017年 8月 脱稿
9月 単行本『続豆腐百珍百番勝負』発売

なんと足かけ5年もかかってしまいました。
長らくお待たせして 本当にすみません。
どうぞ ごゆっくりと お楽しみ下さい ませ。

最後になりましたが お買上げ下さった 皆様
ありがとうございます♡

2017年 8月3日

参考文献

『豆腐百珍』何必醇原著　福田浩訳／教育社
『料理物語』作者不詳　平野雅章訳／教育社
『料理山海郷』博望子　原田信男訳／教育社
『卓袱会席趣向帳』禿箒子著（古書）
『日本庶民生活史料集成　第30巻　諸職風俗図絵』谷川健一　高取正男／三一書房
『日本風俗図絵12』黒川真道編／柏書房
『日本風俗図絵11』黒川真道編／柏書房
『日本風俗図絵2』黒川真道編／柏書房
『図録·農民生活史事典』秋山高志　北見俊夫　前村松夫　若尾俊平　編／柏書房
『図録·山漁村生活史事典』秋山高志　林英夫　前村松夫　三浦圭一　森杉夫　編／柏書房
『図録·近世武士生活史入門事典』武士生活研究委員会編　／柏書房
『平家物語』全4巻　梶原正昭·山下宏明校注／岩波書店
『新版 平家物語』全12巻　杉本圭三郎全訳注／講談社
『グラフィック版　特選日本の古典　平家物語』／世界文化社
『とうふの本』阿部狐柳　辻重光／柴田書店
『近世風俗志（守貞謾稿）』全5冊　喜田川守貞／岩波書店

続《ぞく》 豆腐《とうふ》百珍《ひゃくちん》 百番勝負《ひゃくばんしょうぶ》

(コミックエッセイの森)

2017年9月29日 初版第1刷発行

［著　者］ 花福《はなふく》こざる

［発行人］ 堅田浩二

［本文DTP］ 臼田彩穂

［編　集］ 小林千奈都

［発行所］ 株式会社イースト・プレス
〒101−0051
東京都千代田区神田神保町2-4-7 久月神田ビル
TEL03-5213-4700　FAX03-5213-4701
http://www.eastpress.co.jp/

［印刷所］ 中央精版印刷株式会社

［装　幀］ 坂根 舞（井上則人デザイン事務所）

ISBN 978-4-7816-1588-2 C0095